Lebe, statt gelebt zu werden!

Michael, Klaus, Herausgeber:

Einführung in die Neurosophie
Systematisch von der Selbsterkenntnis
zur Lebensentfaltung in Ebenbürtigkeit

Überarbeitete Originalausgabe 2001
Vorabveröffentlichungen von Manuskripten
1999 - 2001 im Internet

Kontakt zum Autor / Herausgeber:
www.neurosophie.de

ISBN 3-8311-1583-4

Gedruckt in Deutschland von
Books on Demand GmbH, Norderstedt

Klaus Michael

Einführung in die Neurosophie

Systematisch von der Selbsterkenntnis
zur Lebensentfaltung in Ebenbürtigkeit

Inhalt

1.   Einleitung

1.1   Definition der Neurosophie
1.2   Ziele und Vorgehensweise der Neurosophie
1.3   Zur Entstehung der Neurosophie

2.   Die Lebensphilosophie der Neurosophie
2.1   Allgemeines zur Lebensphilosophie der Neurosophie

2.2   Das Urgesetz des Lebens
2.3   Der Sinn jeden Lebens
2.4   Die Bestimmung jeden Lebens
2.5   Die Hauptaufgabe des menschlichen Lebens
2.6   Zur Bestimmung und zur Hauptaufgabe des Menschen

3.   Reflex, Reaktion und bewusste Aktion

4.   Gefühl - was ist das?
4.1   Wie das Unterbewusstsein mit dem Bewusstsein „spricht"
4.2   Es gibt im Prinzip nur 2 Gefühle
4.3   Das Energiemodell der Neurosophie
4.4   Meine Angst ist mein bester Freund
4.5   Der Unterschied zwischen Freude und Begeisterung

5.   Zu unseren Grundbedürfnissen
5.1   Zur Entstehung unserer Grundbedürfnisse
5.2   Anmerkungen zu den Grundbedürfnissen

6.   Wechselwirkungen zwischen Bewusstsein und
        Unterbewusstsein
6.1   Die Wirkung fehlerhafter Bewertungen
6.2   Die Bedeutung unserer Einstellung für unser Verhalten
6.3   Störende Energiepotentiale in nützliche verwandeln

7.   Der neurosophische Weg zum inneren Gleichgewicht
7.1   Die Ursachen der ungleichen Energieverteilung
7.2   Zur Erkenntnis unserer Energiepotentiale
7.3   Systematische Suche der Zielrichtung optimaler
        Lebensentfaltung
7.4   Umsetzung der eigenen Ziele in die Praxis des Lebens

7.5   Abwehr zukünftiger Bedrohung unseres inneren
        Gleichgewichts

8.   Anhang
8.1   Zusammenstellung von Kernsätzen der Neurosophie
8.2   Tabelle der wichtigsten Grundbedürfnisse und ihrer
        Verletzungen
8.3   Skala der Gefühlsstärken

9.   Literaturnachweis

1. Einleitung

Vielen Autoren ist es ein Anliegen, in ihren Texten die Gleichberechtigung durch das stetige Nennen beider Geschlechter
herauszuheben. Dieser sprachliche Kniff war in den Sechziger
Jahren eine Möglichkeit, überhaupt einmal auf die Gleichberechtigung hinzuweisen. Im neuen Jahrtausend ist dieses überholt,
weil wir uns zumindest unter den Jüngeren ihrer bewusst sind und
die ewig Gestrigen sich auch über solch eine Vergewaltigung
unserer Sprache ohnehin nicht ändern werden und wollen.
Deshalb erspare ich mir der deutschen Sprache unangemessene
sprachliche Verrenkungen. Jene Autoren dachten ohnehin offenbar
nur einseitig, indem sie das gleiche Geschlecht und die Kinder
vergaßen: Neurosophie fordert nicht nur die Gleichberechtigung
und Ebenbürtigkeit zwischen Mann und Frau, sondern die aller
Menschen, also auch zwischen Frau und Mann, Mann und Mann,
Frau und Frau, Erwachsenem und Kind sowie zwischen Kind und
Erwachsenem.

1.1 Definition der Neurosophie

Neurosophie ist eine Zusammensetzung der Worte Neurologie und
Philosophie und bezeichnet das Verständnis bewusster und
unbewusster nervlicher und geistiger Vorgänge auf der Basis einer
Philosophie, welche einfach die für jedes Leben, also für Tiere und
Pflanzen grundlegend gültigen Gesetze in der freien Natur
beobachtet und formuliert hat. Diese Philosophie ist somit frei von
moralischen, religiösen, machtpolitischen, wirtschaftlichen und
sonstigen Interessen und deshalb geeignet, dem Einzelnen einen
allgemeingültigen Wertmaßstab in die Hand zu geben, mit dem er
sein eigenes Tun und Lassen insgesamt bewerten kann, aber auch
das seiner Mitmenschen. Neurosophie bezeichnet daneben das
System als Ganzes zur Erkenntnis naturgegebener Gesetze, des
eigenen Selbst und die daraus systematisch abgeleiteten Teilziele
der eigenen Lebensgestaltung, Lebensentfaltung und des eigenen
optimierten Verhaltens gegenüber der Umwelt insgesamt. Zum
System der Neurosophie gehören verblüffend einfach
anzuwendende Verfahren, die selbst gefundenen und für sich
definierten Teilziele in die Praxis umzusetzen. In der Summe wirkt
die Neurosophie als geistiger und praktischer Leitfaden zur

Gestaltung des eigenen Lebens. Neurosophie ist Lebenshilfe durch systematische Anleitung zur Selbsthilfe.

Diese Einführung ist eine Kurzfassung eines bislang unveröffentlichten Manuskripts mit dem Arbeitstitel „Grundthesen der Psychosophie". Inzwischen ist der Begriff „Psychosophie" durch „Neurosophie" ersetzt worden; denn im Laufe der Zeit stellte sich heraus, dass „Psychosophie" bereits von dem Anthroposophen Rudolf Steiner in einem anderen Sinn benutzt worden war. Daneben trifft der Begriff auch das hier Gemeinte nicht exakt. Der Begriff „Seele", welcher mit der Vorsilbe „Psycho" umschrieben war, ist sowohl durch die Psychologie als auch religiös besetzt, bis zur Seelenwanderung. Seele ist aber ein Begriff, der bei näherer Betrachtung vieldeutig wirkt, weil er auch etwas wesenhaftes, an archaischen Geisterglauben erinnerndes. beinhaltet. Hier geht es aber um eindeutig biologische Vorgänge des Nervensystems mit seiner Leitstelle Gehirn. Die Neurosophie will sich von der Psychologie und von allen religiösen und esoterischen Inhalten abgrenzen, aber auch von dem Wissenschaftszweig der Neurophilosophie, welche sich beispielsweise unter anderem auch mit der Erklärung der Wirkungsweise unseres Gehirns durch die Quantenphysik beschäftigt.

1.2 Ziele und Vorgehensweise der Neurosophie

Verstehe Dein ICH
und dann nimm Dein Leben fest in beide Hände
- systematisch!

Mit dem Eintritt in die Neurosophie sollten Sie von nun an vorübergehend alles vergessen, was Sie bislang über Psychologie gehört, gelesen oder gelernt haben. Denn die Neurosophie hat das Ziel, unter Vermeidung des leider oft anzutreffenden Vermischens von Ursachen und Wirkungen, die Vielzahl möglicher Irrwege bei der Suche nach einem selbstbestimmt erfüllten Leben systematisch zu reduzieren. Sie sollen kurzfristig - nicht erst nach Jahren - erkennen, warum Sie so Sie sind, wie Sie sind und wie Sie dieses Wissen in eine optimale Gestaltung Ihres Lebens umsetzen können.

Neurosophie schreibt Ihnen nichts vor, sondern lehrt Sie den Weg, systematisch die Arbeitsweise Ihres Unterbewusstseins und seine Ihnen persönlich eigenen Ausprägungen zu verstehen, aufgrund dessen für sich selber optimale Lösungen zu finden und in die Praxis Ihres Lebens auch umzusetzen.

Wer sein ICH, sein Unterbewusstsein verstehen will, muss zuerst begreifen, was in seinem Bewusstsein, Gedächtnis und Unterbewusstsein überhaupt abläuft und welche grundlegenden Gesetze und Mechanismen der Natur diese Abläufe steuern. Diese Einführung in die Neurosophie will in bewusst einfach gehaltener Sprache ein Grundgerüst dafür erforderlichen Wissens aus der Biologie, Medizin, Psychologie, Philosophie, Sozialwissenschaften und Managementtechniken vermitteln, stellt bewusste und unbewusste Abläufe dar, zeigt Ihnen Verknüpfungen und Wechselwirkungen aus einer Ihnen völlig ungewohnten Sicht. Sie erhalten so die Grundlagen jenes Wissens, die Sie anschließend zu einer systematisch geführten Analyse Ihres eigenen ICH's befähigt, um Ihr Leben spätestens von nun an optimal sinnerfüllt auf völlig neue Art und Weise fest in beide Hände nehmen können.

Sie finden hier eine Einführung vor, die versucht, lediglich das Wesentliche für einen praxisnahen persönlichen Gebrauch zu vermitteln. Sie sollen hier also nicht mit einer unnötig auf wissenschaftlich exakter Vollständigkeit bedachten Ausarbeitung der Neurosophie belastet werden. Sondern es soll ein auf das

Wichtigste reduziertes Grundgerüst an Wissen um wesentliche Zusammenhänge dargestellt werden, wie in der gesamten Natur das Leben betreffende Grundgesetze auch auf uns und unser Unterbewusstsein wirken. Ein Ziel dieser Einführung ist, dem Einzelnen in praktisch jeder konkreten Lebenssituation einen gangbaren Weg aufzuzeigen, in Grundzügen das aktuelle Geschehen im eigenen Unterbewusstsein analysieren und verstehen zu können.

Wenn Sie diesem geistigen Leitfaden folgen, können Sie schon innerhalb einzelner Tage erkennen, welche Energien Ihr Verhalten aus welchem Grund steuern, Sie sowohl hemmen und fehlleiten, aber auch antreiben und erfolgreich sein lassen. Aufgrund der neuen Einsichten kann endlich die Zielrichtung erarbeitet werden, in der Sie Ihre persönlichen Stärken und Fähigkeiten am besten ausschöpfen und entfalten können. Das Wie der praktischen Umsetzung, ist untrennbarer Teil des Neurosophischen Systems. Dazu wird Ihnen verblüffend einfaches Handwerkszeug in die Hand gegeben, Ihr Leben von nun an selbstbestimmt zu gestalten. Neurosophie vermittelt als systematische Hilfe zur Selbsthilfe nicht nur Erkenntnisse zum ICH innerhalb weniger Tage, wozu ansonsten meistens Monate oder gar Jahre oft quälender Therapie erforderlich waren, sondern leitet von dieser Basis handfest ins praktische selbstbestimmte Leben über. Endlich können Sie persönliche Selbstentfaltung in Ebenbürtigkeit zu Ihren Partnern aktiv gestalten und erleben!

Zuerst wird der philosophische Teil der Neurosophie erläutert. Er beinhaltet eine Darstellung des Urgesetzes allen Lebens mit seinen Auswirkungen auf jedes Leben allgemein und so auch auf jeden einzelnen von uns. Anschließend wird dargelegt, wie aufgrund dieses Naturgesetzes auch unser Unterbewusstsein arbeitet und wie es durch unsere Erlebnisse und unser Denken immer wieder neu geformt wird. Anhand eines energetischen Modells und der Darstellung der Entwicklung der Grundbedürfnisse samt ihrem Einfluss auf unser Verhalten soll verstanden werden, warum welche Kräfte in uns wirksam werden, die unser Tun und Lassen entscheidend beeinflussen. Es folgen vertiefende Ausführungen zum Verständnis unseres Verhaltens im Wechselspiel zwischen Bewusstsein, Unterbewusstsein und äußeren Einflüssen. Dabei kristallisiert sich deutlich heraus, dass es für die persönliche Selbsterkenntnis gar nicht so wichtig ist, wer uns wie und auf welche Art bestimmte Dinge „angetan" hat. Vielmehr reicht es völlig aus herauszufinden, welche der wenigen und in der Neurosophie teilweise neu geordneten und formulierten Grundbedürfnisse überhaupt und wie stark mal verletzt wurden. Dazu werden indirekte, aber vom Betroffenen zu jeder Zeit vollständig zu durchschauende und zu verstehende Methoden genutzt, welche die uns geläufigen Symptome unseres Verhaltens und Erlebens beleuchten und daraus Rückschlüsse auf die verletzten Bedürfnisse zulassen. Warum dieses reicht, wird ausführlich und nachvollziehbar erläutert. Deshalb und aufgrund des ausdrücklichen Hinweises auf die Tatsache, dass jeder Mensch und damit auch alle Eltern und Partner einer - erklärbaren - scheinbaren Zwanghaftigkeit unterliegen, entfällt anschließend auch jede unangebrachte Schuldzuweisung. Eine Beschönigung findet aber ebenso nicht statt.

Die Neurosophie soll den einzelnen Menschen in die Lage versetzen zu erkennen, welche Energiepotentiale wie stark, wo und warum in ihm bereitgestellt werden. So kann er endlich begreifen, weshalb er in bestimmten und für ihn typischen Situationen vielleicht immer wieder viel zu heftig reagiert (zum Beispiel mit Angst oder Wut) und in bestimmten anderen Situationen evtl. überhaupt nicht, obwohl er es eigentlich besser wusste, wenn er in einer ruhigen Stunde darüber nachdachte. An diesem Punkt beginnt die eigentliche Selbsterkenntnis; denn erst wenn Sie die Ursachen einer Wirkung kennen, können Sie - falls Sie es wünschen - Änderungen vornehmen. Wollen Sie diese Änderungen aber überhaupt? Woran können Sie denn messen, was wirklich besser für Sie ist? Eine grundlegende Antwort darauf können Sie sich selbst aus dem philosophischen Teil der Neurosophie erarbeiten, die einen in der gesamten Natur und somit in allen Situationen gültigen Wertmassstab ausformulierte. In diesem letzten Satz sind 2 Dinge wichtig: Die Neurosophie schreibt niemandem vor, was richtig oder falsch, gut oder böse sei, oder was jemand zu tun oder zu unterlassen habe, sondern der einzelne Mensch muss und soll es sich selber erarbeiten und eigenes Handeln selber bewerten. Dabei ist der genannte Wertmaßstab eine Hilfe, wie es ein Zollstock dem Heimwerker sein kann. Der Wertmaßstab basiert nicht auf einer bestimmten politischen, religiösen oder sonstigen Weltanschauung, sondern hier ist nichts weiter geschehen, als dass die Natur beobachtet und das in Worte gefasst wurde, was in der Natur und somit auch für uns ohnehin schon immer gültig war. So erhalten Sie eine wertvolle Hilfe, die unsere Fähigkeiten und Möglichkeiten der

Beurteilung von Gegebenheiten und Vorhaben, aber auch von Menschen, enorm verbessert und steigert.

Nach der rein theoretischen Wissensvermittlung folgt im neurosophischen System eine Selbstanalyse. An diesem Punkt ist jene Plattform des Wissens erreicht, von der aus seelisch kranke Menschen eine Therapie beginnen sollten. Wer gesund ist, sollte die im System der Neurosophie folgenden Schritte zumindest unter der Verfügbarkeit einer Fachkraft vornehmen, da der Ungeschulte nicht in jedem Fall ermessen kann, ob durch die intensive Beschäftigung mit dem eigenen ICH nicht doch eine für ihn gar nicht zu erkennende seelische Krankheit ausbrechen könnte. In solch einem Notfall sollte eine Fachkraft helfend eingreifen können. Aus diesem Grund werden in dieser Einführung die Selbstanalyse sowie die daran anschließende Art des Vorgehens, wie man aus dem Wissen um das eigene ICH die Umsetzung in die Praxis vornehmen kann, nicht oder nur oberflächlich dargestellt, sondern in einem Seminar gelehrt. Das Ihnen in dieser Einführung vermittelte Wissen, kann Ihnen dennoch in vielen Situationen bereits ein wertvoller Helfer sein.

Die Selbstanalyse der Neurosophie will nicht Kranke oder Gestörte heilen, auch wenn sie im Rahmen einer Therapie eine wertvolle und Zeit sparende Unterstützung darstellen kann. So geht die Neurosophie einen anderen Weg als Psychotherapien, indem sie dem Teilnehmer den Weg des Herausarbeitens und Erkennens von unbewussten Energien und deren Ungleichgewichten innerhalb nur weniger Tage aufzeigt - und diese belässt, einfach nur erkennt. Es wird gelernt, wie wir alle gewissermaßen an bestimmten Marionettenfäden hängen, die unsere unbewussten Reaktionen bis heute steuern. Wie diese Fäden auf Wunsch zumindest teilweise zu kappen sind, wird natürlich auch gelehrt. Wer mit diesem und flankierendem Wissen tatsächlich einmal an schmerzenden Erinnerungen / Erlebnissen rührt, wird seine eigenen damaligen Marionettenfäden erkennen und - in dieser Situation wichtig - auch die Fäden der damals beteiligten Personen. Er wird begreifen können, weshalb diese Personen und er selber damals so und nicht anders handelten, wie ohnmächtig die scheinbar so Starken tatsächlich waren. Er wird sie und sich deshalb ohne die sonst üblichen zerstörerisch wirkenden Schuldzuweisungen verstehen können. Bei diesem Verstehen werden gleichzeitig die bislang üblichen Übertragungen selber erkannt und in ihrer eine Partnerschaft oft stark bedrohenden Wirkung deutlich gemindert und häufig sogar zu einer für die Beziehung stark positiv wirkenden Kraft gewandelt. Indem die Neurosophie das individuelle Ungleichgewicht der Verteilung der Energiepotentiale einfach erkennt und anerkennt, werden Einblicke in die Ursachen von Hemmungen der persönlichen Entfaltung gewährt. Sofort wird aber auch aufgezeigt, wie diese uns hemmenden Energiepotentiale in uns nützlich antreibende umgewandelt werden können! Ahnen Sie die enormen Möglichkeiten, die sich aus dieser Aussage für Sie ergeben?

Ein weiterer Teil der Selbstanalyse in der Neurosophie betrifft die praxisorientierten individuellen Stärken und Schwächen und eine auf dem kompletten Wissen der Selbstanalysen aufbauende systematische Suche einer persönlichen Zielrichtung zur optimalen Selbstentfaltung. Doch was nutzt das schönste Wissen um die eigenen Möglichkeiten und Zielrichtungen, wenn der Betreffende nicht weiß, wie er sie im Leben privat und beruflich umsetzen soll? Deshalb gehört zur Neurosophie untrennbar auch ein verblüffend einfach anzuwendendes System zur Bearbeitung und Lösung von Problemen aller Art. Spätestens seit Goethe wissen wir, dass es nicht ausreicht zu wissen, wir müssen auch anwenden. Deshalb wird auch die Verwirklichung unserer sorgfältig geplanten Aktionen durch Gestaltung der Zeit in bewusster Harmonie von Anstrengung und Erholung gelehrt. Angewandte Neurosophie beinhaltet ein komplettes System von der Selbsterkenntnis im bislang unbewussten Bereich, der Erfassung der persönlichen Kombination von Stärken und Schwächen, leitet über in die Suche und das Finden einer persönlichen Zielrichtung und deren Umsetzung in das praktische Leben zu seiner konkreten Meisterung und vermittelt so grundlegende Lebenshilfe. Diese Ergebnisse resultieren ausschließlich aus der eigenen Arbeit, niemand schreibt etwas vor oder korrigiert. Die Neurosophie zeigt ausschließlich den Weg, gibt das System als Gerüst für die eigene Arbeit vor.

1.3 Zur Entstehung der Neurosophie

Der Mensch hat drei Wege klug zu handeln:
Durch Nachdenken, das ist der Edelste.
Durch Nachahmen, das ist der Leichteste.
Durch Erfahrung, das ist der Bitterste.
(Konfuzius)

Dieses Buch ist ein Extrakt aus circa 25 Jahren Arbeit. Viele Jahre ging ich der vagen Idee nach, dass es eine Kraft geben müsse, welche jedes Leben in der Natur gleichermaßen leitet, möglichst optimal zu leben und zu überleben. In der Medizin wird sie z. B. als Selbstheilungskraft angesprochen. Bestärkt hat mich auf dieser Suche auch die Erfahrung, dass die in der Natur zu beobachtenden Wirkungen überall auf ganz einfachen Grundgesetzen basieren, die dann aber bis in die feinsten Verästelungen kompliziertesten Zusammenwirkens verfolgt werden können. Das im philosophischen Teil der Neurosophie definierte „Urgesetz des Lebens" mit seinen darauf basierenden weiteren Leitsätzen zum Sinn, zur Bestimmung und zur Hauptaufgabe des Lebens waren das Ergebnis.

Auf der Suche nach den Ursachen der ach so vielen Fehler auch im eigenen Verhalten ging ich viele Irrwege. Als sich aber nach und nach Ergebnisse zeigten, fiel mir auf, dass deren Grundzüge nicht nur für mich gelten: Die meisten Menschen zeigen mehr oder weniger ausgeprägt im Prinzip die gleichen Fehler. Die Suche nach dem Warum unseres uns selbst manchmal unverständlichen Handelns, zusammen mit dem Bestreben, aus dem Komplizierten das jeweils dahinter wirkende einfache Gesetz zu finden, führte zur Entstehung der Grundlagen der Neurosophie. Selbstverständlich habe ich auch Bücher zum Themenbereich gelesen. Wenn ich sie mir jedoch rückwirkend betrachte, waren es, gemessen an den Möglichkeiten, nur wenige und ganz sicher auch nicht immer die grundlegenden Werke, die den ausgebildeten Fachleuten selbstverständlich sind. - Aber vermutlich hat mir gerade dieser Abstand zum anerkannten Wissen und meine daraus resultierende Unvoreingenommenheit das Finden der teilweise neuen Sichtweisen erleichtert. Indem ich grundsätzlich zuerst einmal vom naturgewollt gesunden Leben ausging, Krankheiten und als noch nicht krankhaft angesehene Störungen bei meiner Suche nur als Anlass zum Nachdenken über diese Symptome nutzte, sie aber zunächst einmal für Erklärungsversuche ausklammerte, wurde mir das Finden zusätzlich erleichtert. Als später der Gesamtüberblick hergestellt war, ergaben sich viele Erklärungen sehr oft fast von selbst.

Doch das Wissen um allgemeine Zusammenhänge allein bringt uns nicht weiter. Jeder Mensch muss für sich allein herausfinden, welche Kombination von Stärken und Schwächen, Fähigkeiten und Fertigkeiten bei ihm allein und warum wirkt. Dabei kommt es entscheidend auf die richtigen Fragen an, um verwertbare Antworten zu erhalten. Heute steht dieser Fragenkatalog in den Neurosophischen Seminaren zur Verfügung. Der nächste Schritt war, den Einzelnen mit seinem neuen Wissen um sich und um seine Bestimmung sowie seine Möglichkeiten nun nicht allein zu lassen, sondern ihm praktische, und einfach anwendbare Werkzeuge in die Hand zu geben, sein Leben selbstbestimmt auf neue und laut seinen eigenen Wertungen bessere Art zu meistern. Bei all meiner Suche bediente ich mich des „Königswegs des Denkens", nämlich dem „schriftlichen Denken". Er zwang mich stets zu gedanklicher Klarheit. So entstand ursprünglich nur zur eigenen Hilfe und Orientierung ein bislang unveröffentlichtes Buch. Nahezu von Beginn an ging es darum, die allgemeingültigen Erkenntnisse und Einsichten, das allgemeingültige Wissen heraus zu arbeiten und jeden geringsten Anschein der Vorgabe von persönlichen Regeln und Geboten zu vermeiden. Somit hielt ich die Ausarbeitung möglichst frei von eigenen Werten, Zielen und Erfahrungen. Das ergibt zwar einen vorerst recht trockenen Lehrstoff, der sich aber in der persönlichen Auswertung und insbesondere seiner Anwendung als ungeahnt spannend zeigt.

2. Die Lebensphilosophie der Neurosophie

Nachstehend wird die für die Neurosophie grundlegende Lebensphilosophie erläutert. In ihr wurde aufgrund von jedermann nachvollziehbaren Beobachtungen der Natur zuerst einmal nur das in Worte gefasst, was für jedes Leben in der Natur und somit auch für uns ohnehin schon immer gültig war. Aufgrund der Besonderheiten des Menschen gegenüber anderen Lebewesen in der Natur gibt es aber in logischer Konsequenz eine speziell auf Menschen ausgerichtete Ausprägung.

2.1 Allgemeines zur Lebensphilosophie der Neurosophie

Seit der Mensch sich seiner begrenzten Lebenszeit und den vielfältigen Bedrohungen durch seine Umwelt bewusst ist, sucht er wahrscheinlich nach dem Sinn seines Lebens. Auch trachtet er danach, Gesetzmäßigkeiten in der Natur zu erkennen, um größere Sicherheit für seine Lebenserhaltung und Lebensentfaltung zu erlangen. Großartige Leistungen des menschlichen Geistes kamen so zustande. Auch Religionen und Philosophien sind vor diesem Hintergrund entstanden. Sie sollten wohl ursprünglich dazu dienen, dem Einzelnen Orientierungshilfen, einen Bewertungsmaßstab zu sich selbst und seiner Umwelt zu liefern, ihm inneren Halt, eine Form der Sicherheit vermitteln. Ihre Erkenntnisse missbrauchten die Wissenden aber häufig, indem sie sie geheim hielten und zur Machtausübung über Mitmenschen, über das eigene Volk und sogar zur Verfolgung und Unterdrückung ganzer fremder Völker einsetzten.

Das Überstülpen einer Konstruktion „Lebensphilosophie" auf einen anderen Menschen, vielleicht sogar noch mit Vorschriften zur Gestaltung seines Lebens, kann keinen Erfolg haben. Zu stark sind aus bald näher erläuterten naturgegebenen Gründen die unbewussten Widerstände des Einzelnen. Die Forderungen der Religionen geben uns dafür unendlich viele Beispiele, wenn wir deren konkrete Ergebnisse ohne Vorurteile betrachten. Nach einer theoretischen Philosophie zu leben, kann ebenfalls nicht gelingen, wenn die besonderen Ausformungen des uns Unbewussten mit ihren uns stark beeinflussenden Energien sowie die sehr unterschiedlichen Stärken und Schwächen des Einzelnen unberücksichtigt bleiben. Deshalb muss eine verwertbare Lebensphilosophie eine persönliche sein. Sie muss die ganz persönliche Ausformung des betreffenden Menschen erfassen und zur bestmöglichen Entfaltung bringen, muss im Einklang mit den Besonderheiten des Einzelnen stehen. Daneben darf sie aber die Mitmenschen und sonstige Umwelt in ihrer Wirkung möglichst nicht stören oder gar angreifen.

Die Vollendung dieser hohen Ziele wird kaum zu erreichen sein. Es besteht aber die deutlich größere Wahrscheinlichkeit einer sich immer mehr verbessernden Annäherung an dieses Ideal, je **un**bewusster Menschen ihr Verhalten danach ausrichten. Um überhaupt eine Richtung zu diesem Ideal zu finden, kann sich jeder die zur Zeit zur Verfügung stehenden Informationen dazu selber zusammenstellen und aufzeigen. Wenn diese Ausarbeitungen die Ausformung der eigenen Persönlichkeit möglichst genau treffen, wird sich der Interessierte daran orientieren. Damit erarbeitet er sich die vom eigenen Leben geschriebene Lebensphilosophie. Dieser zu folgen, wird kaum Schwierigkeiten bereiten, wenn er sein ICH in den wichtigsten Punkten verstanden und auch einbezogen hat und nicht versucht, gegen sein ICH zu handeln. Schwierig ist jedoch, sich dazu selbst die richtigen Fragen zu stellen, dann aus der Vielzahl von Antworten und äußeren Gegebenheiten die Einzelteile wie ein Puzzle zusammenzufügen und selbst daraus ein wunderschönes Bild für die Zukunft als Vorstellung einer Zielrichtung des eigenen Lebens zu gestalten.

2.2 Das Urgesetz des Lebens

Die Neurosophie geht davon aus, dass jedes Leben nach einem für alle Lebewesen gleichermaßen gültigen Grund- oder Urgesetz der Natur handeln muss. Ist es gefunden, kann man verstehen, welche konkreten Aufgaben es jedem einzelnen Leben zuweist und danach bewusst leben. Das Urgesetz des Lebens bildet demnach die unabdingbare Grundlage eigentlich jeder Lebensphilosophie. Um es zu finden, müssen wir die Natur beobachten. Lassen Sie uns deshalb zusammen einen Spaziergang durch die Natur genießen und einmal das Leben beobachten. Fragen wir uns dabei, was jedes einzelne Leben mit allen anderen auf einfachstem Nenner gemeinsam hat:

Zuerst beobachten wir auf unserem Spaziergang, dass sich das Leben in unzähligen Formen darstellt. Vom Einzeller über Pflanzen und Tiere bis zum Menschen können wir unüberschaubar viele verschiedene Ausprägungen beobachten. Dabei ähneln sich bestimmte Formen, wie z. B. Laubbäume. Aber deren Ähnlichkeit unterscheidet sich bei genauerem Hinsehen z. B. in Eichen, Buchen, Apfel- und Pflaumenbäume usw.. Selbst die einzelne Eiche unterscheidet sich trotz der Gemeinsamkeiten von ihrer Nachbarin allein schon in der äußeren Form. Eine freistehend vom Wind umtoste Eiche wirkt knorriger als eine im Verband des Waldes oder jene am Waldrand. Jede versucht, sich so kräftig zu entfalten, wie es die natürlichen Gegebenheiten erlauben, jede ist bestrebt, sich zu vermehren und dadurch die eigene Art zu erhalten. Dieser Satz gilt aber für alles Leben, wenn wir es einmal recht bedenken. Also gibt es eine Gemeinsamkeit:

Jedes Leben hat das grundsätzliche Bestreben, sich bestmöglich zu erhalten und zu entfalten.

Das ist das Urgesetz des Lebens schlechthin! Diese Feststellung ist so unbestreitbar einfach, dass nur das komplizierte Denken ihm keine weitere Bedeutung zumisst. Aber gerade die einfachen Gesetze haben in der Natur die am weitesten gehenden Auswirkungen, wie jeder Naturwissenschaftler bestätigen kann: In der Physik ist es z. B. eine ebenso einfache Feststellung, dass Druck einen gleich großen Gegendruck erzeugt. Auf diesem Grundsatz aufbauend fliegt aber der Mensch in den Weltraum, angetrieben vom Druck der aus den Düsen austretenden Gase. Mit diesem einfachen Gesetz wird unsere Wasserversorgung gewährleistet, oder die Materialstärke von Glasscheiben berechnet, damit der Druck des Windes bei Sturm sie nicht sprengt, werden Segelboote angetrieben usw.. Es lohnt also, sich mit dem Einfachsten zu beschäftigen und die Folgen daraus zu überdenken. Umgekehrt ist es von Nutzen, im Komplizierten und Unübersichtlichen nach einfachen Grundregeln zu suchen. Danach erst beginnt das vollständige Verstehen, auf dem aufgebaut werden kann.

2.3 Der Sinn jeden Lebens

Wir kennen nun das Urgesetz des Lebens durch einfache Beobachtung der Natur. Weiter entdecken wir, dass sich jedes Lebewesen seinen vorgegebenen Umweltbedingungen angepasst hat. Das geht so weit, dass es ganz bestimmte

Umweltbedingungen antreffen muss, um überhaupt noch überleben zu können. - Am Nordpol suchen wir Palmen vergeblich. Der Samen eines Löwenzahnes wird sich, nachdem er auf ein Fleckchen Erde fiel, das an einer Seite durch einen Felsen begrenzt wird, im verbleibenden freien Raum entfalten, statt sich gegen den viel zu harten Stein zu stemmen. Jedes Leben erfüllt Aufgaben zur Förderung anderer - wie z. B. die Bienen bei der Befruchtung der Blütenkelche, aber auch als Nahrung für andere Lebewesen - und empfängt umgekehrt von anderen Leben Vorteile für sich selbst und sei es über Ausscheidungen von Stoffwechselprodukten, die als Dünger für Pflanzen wirken, aber auch Lebensgrundlage von Bakterien und Pilzen darstellen können. Es entsteht ein Gleichgewicht, das nicht nur das eigene Leben ermöglicht, sondern im gegenseitigen Austausch oft sehr langer Ketten, auch das vieler anderer. Dass Fressfeinde existieren, ist im Gesamtzusammenhang der Natur kein Widerspruch, sondern trägt dazu bei, das regionale Gleichgewicht zu regulieren.

Ungleichgewicht wird in der Natur für das Leben, neben anderen, zu einem sehr großen Anteil zum Beispiel durch Auswirkungen von klimatischen Veränderungen verursacht. Sobald aber auch hier eine gewisse Gleichmäßigkeit erkennbar ist, erfolgen Anpassungen, die wir beim Wechsel der Jahreszeiten, in Zonen des Gezeitenwechsels (im Watt), in den Wüsten, an den Polen und überall sonst beobachten. Im Grunde führt auch das Leben nur ein weiteres Grundgesetz der Natur aus, nämlich das Streben nach Gleichgewicht. Dieser Ausgleich wird energetisch gesteuert: Dort, wo größere Kräfte als in der Umgebung vorhanden sind, wird der Ausgleich verursacht: Atome mit freier Energie zur Bindung an andere verbinden sich mit Atomen mit gleichfalls freier Energie; die Schwerkraft lässt Wasser immer zum tiefsten Punkt fließen, Berge werden zu Ebenen durch Wind und Wasser; die Erde steht mit ihrer Fliehkraft auf ihrer Bahn um die Sonne im Gleichgewicht zur Anziehungskraft unseres Lichtspenders, ebenso der Mond zur Erde. Die Beispiele lassen sich unendlich fortsetzen, immer ist es das Streben nach Ausgleich, Gleichgewicht zu beobachten. Die Natur setzt ihre Gesetze stets bis in die kleinsten Verästelungen durch. Deshalb muss auch der Mensch ohne jede Ausnahme dem Urgesetz des Lebens unterstehen. In Anbetracht dieser Tatsache und im Wissen um die oben geschilderten Lebensvorgänge, ist folgende Erkenntnis logisch:

**Der Sinn eines jeden Lebens ist ausnahmslos
seine bestmögliche Erhaltung und Entfaltung
im größtmöglichen Ausgleich zu seiner Umwelt
zur Förderung der Lebensentfaltung insgesamt
und im Rahmen seiner unveränderbaren Grenzen.**

Das Erstaunliche ist, dass diese Erkenntnis nicht davon abhängt, ob ein Lebewesen danach bewusst handelt oder nicht. Vielmehr führt jeder Verstoß automatisch zu einer Berichtigung durch Beeinträchtigung seiner Lebensumstände, auch wenn dieses nicht immer sofort offensichtlich ist. Somit beschreibt auch dieser Satz ein allgemeingültiges Naturgesetz, das sich aus dem Urgesetz des Lebens ableitet.

2.4 Die Bestimmung jeden Lebens

Aus dem Lebenssinn ergibt sich, dass die Natur jedem Leben eine Bestimmung gegeben haben muss. Diese muss durch die jedem einzelnen Leben speziell eigene Kombination von Stärken und Schwächen erkennbar werden; denn ausschließlich mit diesen naturgegebenen Mitteln kann es sein Leben bestmöglich erhalten und entfalten. Dieses ist jedoch nur innerhalb unveränderbarer natürlicher Grenzen und für eine ganz bestimmte Umwelt möglich, welcher gerade diese Stärken besonders nützlich sind, aber gleichzeitig auch die eigene bestmögliche Erhaltung und Entfaltung fördert. Denken wir an das Beispiel vom Löwenzahn-Samen am Felsen, so sind auch die von dem einzelnen Leben unveränderbaren Begrenzungen durch seine Umwelt zu berücksichtigen. Diese Grenzen durch Standortwechsel und / oder aktives Handeln zu überwinden, ist gerade dem Menschen mit seinen besonderen Gaben, zu denen insbesondere auch das schöpferische Denken zählt, in einem sonst in der Natur nicht anzutreffenden Umfang möglich.

Die Beachtung des Gleichgewichts des eigenen Handelns mit seiner Umwelt - sie beinhaltet die gesamte Natur und darin insbesondere auch seine Mitmenschen - stellt wohl das größte Problem dar, das sich der Mensch immer wieder neu selber schafft. Er nutzt viel zu oft in den entscheidenden Situationen sein Denkvermögen nur zum Vorteil der eigenen Entfaltung, ohne dabei mögliche Schädigungen der Entfaltung seiner Mitmenschen oder seiner sonstigen Umwelt zu beachten. - - -

Manchmal dauert es lange, bis diese Schädigungen auf den Betreffenden zurückfallen. Oft erkennt er dann nur nicht mehr, dass er sich ursächlich selbst schädigte. Es also kann ein weiteres Lebensgesetz formuliert werden, das gleichzeitig als Maßstab für das richtige Handeln und Unterlassen in der Befolgung des Urgesetzes und damit des Lebenssinnes dienen soll:

Seine ausgleichende Bestimmung erfüllt das Leben, wenn es die nur ihm eigenen Stärken und Schwächen innerhalb der von ihm nicht veränderbaren Grenzen möglichst vollständig und zu gegenseitigem Nutzen genau der Umwelt darbringt, welche ihrerseits ihm bestmögliche Erhaltung und Entfaltung ermöglicht.

Seien wir uns erneut bewusst, dass auch dieser Leitsatz auf dem Urgesetz des Lebens aufbaut und logisch daraus abgeleitet wurde. Er basiert einfach auf Naturbeobachtung. In seiner Gesamtheit bildet die Formulierung des Leitsatzes zur Bestimmung jeden Lebens den allgemeingültigen Wertmaßstab für das Leben! Richteten wir an ihm im Idealfall (Anmerkung: Ein Ideal ist in der Neurosophie als theoretisch optimales Ziel zu verstehen, das aber in der Praxis nur richtungsweisend angestrebt werden kann und kaum einmal real zu erreichen sein wird.) alles Handeln und Unterlassen aus, können wir gar nicht anders, als ein Leben höchster Qualität für uns selbst, unsere Mitmenschen und die gesamte Umwelt zu führen! Darin äußert sich aber die optimale Lebensentfaltung, welche wir alle mehr oder weniger bewusst suchen!

2.5 Die Hauptaufgabe des menschlichen Lebens

Hat das Leben eine Bestimmung, dann muss es auch Aufgaben geben, sie zu erfüllen. Danach zu suchen und zu leben, ist demnach eindeutig die Hauptaufgabe für jedes bewusste menschliche Leben, das zudem noch von der Natur mit der Fähigkeit der Bewegung und zu vielfältig verschachteltem Denken ausgestattet ist sowie zusätzlich über Hände verfügt, welche ihm eine Umsetzung dieser Gedanken in konkretes Handeln ermöglichen. Folglich zählt zur Hauptaufgabe besonders des denkenden menschlichen Lebens, seine persönlichen Stärken herauszufinden, aber auch die vorgegebenen und von ihm nicht zu verändernden Grenzen. Die Lebensbestimmung schreibt daneben vor, die am besten der Erhaltung und Entfaltung dienende Umwelt zu suchen und zu finden.

Die eigene Entfaltung kann aber zu einer Beeinträchtigung der Umgebung führen. Deshalb muss es auch eine Aufgabe sein, dieses gezielt zu vermeiden, oder dort, wo dazu noch keine Möglichkeit zu finden ist, Beeinträchtigungen fremden Lebens so gering wie möglich zu halten. Dieses kann wieder eine eigene Beeinträchtigung sein. Hier ist ein Ausgleich solcher Konflikte in gegenseitigem Gleichgewicht von der Natur vorgegeben: Schauen Sie einfach mal in einem Wald in die Baumkronen. Alle Bäume streben zum Licht. Aber sie enden jeweils dort, wo der Nachbarbaum den Luftraum belegte. Es findet normalerweise kein gewalttätiges Verdrängen des Nachbarn statt. Jeder nutzte seine Lücke für sich. Hier herrscht Ausgleich der Entfaltung in Ebenbürtigkeit auf das gegenseitig unschädliche Maß. So wachsen die Bäume zumindest der gleichen Art in die Höhe. Auch sollte man sich bewusst sein, dass alle beeinträchtigenden Gegebenheiten Chancen sind, das ausgleichende schöpferische Denken und Handeln entsprechend dem Sinn und der Bestimmung des Lebens einzusetzen! Nun können wir auch die Hauptaufgaben menschlichen Lebens definieren:

Die Hauptaufgabe des menschlichen Lebens ist es, seine Bestimmung gezielt zu suchen und zu finden, sein Handeln und Unterlassen danach auszurichten und entstehende Konflikte ausgleichend zu lösen.

Es ist herauszustellen, dass der Wertmaßstab, der sich aus dem Lebenssinn ergibt, von der Natur vorgegeben ist. Es ist kein Maßstab von Menschen, die sich von seiner Erfüllung persönliche Vorteile gegenüber ihren Mitmenschen erhoffen! Die Hauptaufgabe ist eine logische Folge der Lebensbestimmung.

Ausgleichende Konfliktlösung darf auf keinen Fall so verstanden werden, dass die eigenen Interessen weniger beachtet werden sollen, als die der Umwelt, aber auch nicht so, dass ein Konflikt unter der Betonung der eigenen Interessen gelöst werden soll. Vielmehr soll das evtl. unterschiedliche Gewicht beider Interessen zum Ausgleich gebracht werden. Bildhaft gesprochen: Auf einer Waage sollen die Gewichte der Interessen (diese sind Energien!) jeweils auf dem äußersten Ende des Brettes liegen. Der Ausgleich von Ungleichgewichten findet statt, indem der Auflagepunkt des

Brettes so lange zum größeren Gewicht verschoben wird, bis das Brett waagerecht stehen bleibt, weil sich beide Kräfte gegeneinander aufheben:

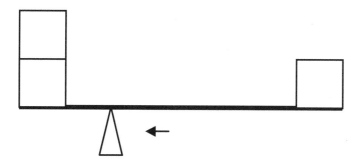

Statt das Gewicht der eigenen Interessen zu vergrößern, wie es z. B. normal in einem Streitgespräch beobachtet werden muss, kann und soll derjenige am meisten nachgeben, dessen Bedeutung (Energiepotential auf dem Bedürfnis) für den Betreffenden geringer ist. Solch ein Verhalten fordert von den meisten von uns ein ausserordentlich gründliches Umdenken! - - -

2.6 Zur Bestimmung und zur Hauptaufgabe des Menschen

Wir alle sind mit einer Vielzahl von Erfahrungen, körperlichen, geistigen und seelischen Stärken ausgestattet, mit naturgegebenen und erlernten Fähigkeiten, Fertigkeiten, auch mit angeborenen nicht übertragbaren Eigenschaften, wie zum Beispiel der Körpergröße. Sie alle sind bei jedem Menschen verschieden stark ausgeprägt. Theoretisch gibt es deshalb für jeden Menschen einen bestgeeigneten Platz, an dem gerade er seine einzigartige Kombination von Stärken am allerbesten entfalten kann. Der Einzelne hat sein Leben ideal in dem Augenblick voll entfaltet, in dem er seine ihm zur Verfügung stehenden Stärken vollständig und ausgleichend einsetzen kann. Diese vollständige Lebensentfaltung bedeutet aber gleichzeitig, seiner Bestimmung zu leben, sofern der Stärkeneinsatz nicht zerstörend, sondern ausschließlich zur Erhaltung und Entfaltung der eigenen Lebensumstände und der betroffenen Umwelten eingesetzt wird. *Erst das uneingeschränkte Fördern der eigenen und fremden Lebenserhaltung und Lebensentfaltung mit allen zur Verfügung stehenden Stärken beinhaltet die vollständige Lebensentfaltung und die Erfüllung der persönlichen Lebensbestimmung!*

Dabei ist uneingeschränktes Fördern nicht zu verwechseln, mit dem wahllosen Fördern anderer Menschen, welches nur unsere Energien verbraucht, uns selbst aber keinerlei weitere Lebensentfaltung bringen kann. Unsere Hauptaufgabe ist und bleibt es, unsere Konflikte, also alles das, was in der derzeitigen Situation unsere Lebensumstände beeinträchtigt, im bewussten Ausgleich mit unserer Umwelt zu lösen! Das Lösen fremder Konflikte ohne uns selbst fördernden Zuwachs an Lebensentfaltung, ist Missbrauch unserer Stärken und Kräfte sowie unseres Denkvermögens! Denn wie soll der arme Mitmensch je die Fertigkeit erlangen, bestimmte Konflikte zukünftig selber lösen zu können, wenn er sie nie selbst lösen durfte? Als Elternteil denken Sie dabei auch an das arme Kind! Der Wissende zeigt eventuell Wege auf, die das Problem lösen können, löst sie aber nicht dem Anderen. Das Lösen von Konflikten für andere ist in den meisten Fällen ein schwerer Eingriff in deren Selbstbestimmung in Ebenbürtigkeit. So trägt man - bislang sogar oft wohlmeinend - zum Erhalt oder zur Verstärkung von Schwächen bei! Das ist weder Hilfe, noch Förderung. Meistens bleibt dieser negative Hintergrund uns sogar verborgen, weil wir um diese die Persönlichkeit schädigende Hilfe oft genug sogar gebeten werden. Der Bittende merkt dabei nicht einmal, dass er die Folgen der eigenen Schwäche nur zeitlich auf die nächste gleichartige Situation verschiebt. Die Ausnahmen angebrachter Hilfe leiten sich direkt aus der Bestimmung ab. Arbeitsteilung im Beruf oder Hilfe zur Gesundung eines Kranken sind, wenn sie erbeten wurden, passende Beispiele. Gegenseitige Hilfe in Form gegenseitiger Annahme besonderer Stärken des jeweils Anderen zum beiderseitigen Fortkommen, ja! Aber dabei bitte dem Anderen nicht das Erlernen, Üben oder Ausschöpfen vorhandener Stärken, Fähigkeiten oder Fertigkeiten verwehren! Die Unterscheidung ist zugegeben im Einzelfall schwer. Letztlich hilft bei der Entscheidung die Konzentration auf die eigene Lebensentfaltung. Das ausgleichende Erfüllen von Bedürfnissen aufgrund unserer besonderen Stärken, damit andere Menschen ihrerseits in die Lage kommen, noch besser ausgleichend fördern zu können, gehört ebenfalls zur Kunst des Förderns der Lebensentfaltung!

3. Reflex, Reaktion und bewusste Aktion

Wir wissen, dass wir über unsere Sinne die Umwelt und uns selber wahrnehmen. Diese Informationen gehen zuerst an entwicklungsgeschichtlich sehr alte Partien unseres Gehirns, unser Unterbewusstsein, und werden dort aufgrund angeborenen oder erlernten Wissens darauf untersucht, ob eine Lebensbedrohung oder eine Förderung des Lebens entsprechend dem Urgesetz des Lebens geschieht oder zu erwarten ist. Auch kann das Unterbewusstsein unterscheiden, wie stark eine vergleichbare Situation in der Vergangenheit auf uns wirkte. Im Gegensatz zum bewussten Denken ist unser Unterbewusstsein aber ähnlich der Funktionsweise eines Computers nur in der Lage, gewissermaßen Ja / 1 und Nein / 0 voneinander zu unterscheiden. Eine Bewertung in zum Beispiel welche unangenehmen oder angenehmen Folgen das Wahrgenommene konkret haben kann, welche Maßnahmen getroffen werden könnten oder sollten und wie stark diese Situation überhaupt auf uns wirken wird, ist dem Unterbewusstsein nicht möglich. Das kann nur das denkende Bewusstsein bewerten und es geschieht auch nur dort.

Das Bewusstsein ist der Zustand bedenkender Aufmerksamkeit für einen aktuellen Vorgang und für unsere Gefühle in einer bestimmten Situation. Bewusstsein hat die Aufgabe, jede Situation in ihren Unterschieden zu bewerten, die persönlichen Gefühle zu deuten und zusammen mit weiteren Informationen in schöpferischem Denken zu verwerten. Erst wenn wir unser Bewusstsein wecken, sind wir überhaupt in der Lage, unser Denkvermögen zu nutzen. Dann erst können wir eine Situation gedanklich ordnen, bewerten, Ziele suchen und finden, ihr Erreichen mit eigenem Handeln und eventuell mit der Hilfe von Mitmenschen und / oder geeigneten Hilfsmitteln planen und anschließend entsprechend handeln. Für jede Situation bietet uns das Unterbewusstsein eine unbewusste Reaktion an. Diese können wir bewusst wahrnehmen und dann darüber wertend und planend nachdenken und anschließend eventuell ganz anders bewusst handeln, als vom Unterbewusstsein als unbewusste Reaktion ursprünglich einmal vorgeschlagen.

Ein Beispiel: Als Neugeborenes haben wir geschrieen, wenn wir Hunger hatten. Irgendwann lernten wir, uns auf eine andere Art verständlich zu machen, um uns sättigen zu können und noch später lernten wir, uns selber das Essen zu bereiten oder zu holen.

An kleinen Kindern kann man die Zwischenstufe des drängelnden Heulens oder Nörgelns schön beobachten, wenn das Essen nicht sofort vorgesetzt wird. Hier geschieht ein Rückfall in die unbewusste Reaktion des Babys, nachdem die bewusste Äußerung bei den Eltern nicht sofort zum erwünschten Erfolg führte. In Situationen größter Not kann man solch eine Reaktion als letztes Mittel aber auch wieder bei Erwachsenen beobachten. Das Unterbewusstsein vergisst vom einmal Erlernten im Prinzip nahezu nichts.

Der aller größte Teil unserer Handlungen wird vom Unterbewusstsein gesteuert, nur ca. 10 bis äußerstenfalls 15 % aller unserer Handlungen sind das Ergebnis bewussten Denkens! Das ist auch gut so; denn die unbewusste Reaktion ist viel schneller und weniger Kraft zehrend als das komplizierte bewusste Bedenken. Beispiel: Wenn wir aus Versehen auf eine heiße Herdplatte fassen, dann ist der angeborene Reflex, als Urstufe jeder Reaktion, wesentlich schneller und damit lebenserhaltend, als wenn wir erst einmal bewusst denkend feststellen würden: Meine Hand brennt! - Was ist die Ursache? - Sie liegt auf der Herdplatte. - Warum brennt denn dann die Hand, welche Möglichkeiten gibt es, dass es dazu überhaupt kommt? - Vermutlich ist die Platte noch heiß. - Wie kann ich dem Schmerz begegnen? - Hand zurückziehen! - Okay, Ausführung! Dieses Beispiel betrifft einen angeborenen Reflex im Vergleich mit einer bewussten Reaktion als Reaktionsmöglichkeit auf eine gegebene Situation.

Die unbewusste Reaktion funktioniert ähnlich dem Reflex, basiert aber auf erworbener Lebenserfahrung. Dabei wird, was lt. dem Unterbewusstsein früher einmal ähnlich der aktuellen Situation schon einmal erlebt wurde und in der damaligen Situation sich als nicht tötend erwiesen hat, als lebenserhaltendes Reaktionsmuster angeboten. (Man beachte die extreme Unterscheidung, die keiner Bewertung unterliegt!) Es ist dabei durchaus möglich, dass z. B. kleinkindliches Verhalten, das einer bewussten Prüfung und Bewertung durch einen Erwachsenen nicht standhalten kann, trotzdem ausgeführt wird, wenn der Betreffende die Situation und seine Handlungsmöglichkeiten nicht denkend überprüft. Menschen in Verzweiflung reagieren oft so, wie auch in Fernsehberichten manchmal zu beobachten. Wir reagieren unbewusst tagtäglich mit bei näherer Betrachtung als falsch oder unzureichend zu bewertenden Handlungen, weil wir einfach unsere vom

Unterbewusstsein zur Realisation angebotenen unbewussten Reaktionen nicht bewusst neu bewerten und entsprechend ändern. Das, was wir an anderen Menschen aber auch an uns selber gern als Macken bezeichnen, sind meistens dererlei Ergebnisse. Wenn wir aber die vom Unterbewusstsein angebotenen Reaktionen nicht umsetzen, sondern statt dessen eine bewusst durchdachte Aktion durchführen, wird auch dieses Erlebnis vom Unterbewusstsein gelernt und abgespeichert und kann in einer späteren Situation als unbewusste Reaktion erneut dargeboten werden. Andererseits wären wir ohne die Hilfe der unbewussten Reaktionen praktisch lebensunfähig. Dazu ein weiteres Beispiel:

Stehen Sie jetzt gleich einmal ganz bewusst auf, gehen Sie ein paar Schritte, kommen zurück und setzen Sie sich wieder. Aber führen Sie alle auch kleinsten Bewegungen bewusst aus, angefangen vom leichten Vorbeugen beim Aufstehen, dem Kraftaufwand beim Heben des Körpers, jedes Anheben und Setzen eines Fußes, halten Sie dabei bewusst auch den Kopf gerade, atmen Sie gleichzeitig ganz bewusst die Lungenbewegung steuernd, schauen Sie gleichzeitig auf bewusst ausgewählte Dinge und nun noch das Wichtigste, halten Sie Ihr Gleichgewicht mit bewussten Reaktionen der einzelnen Muskeln! Können Sie das alles gleichzeitig oder müssen Sie mit Ihrer Aufmerksamkeit jeweils von Punkt zu Punkt der Anweisungen springen, um sie jeweils nacheinander auszuführen? Hat Ihr Unterbewusstsein kurzzeitig doch immer wieder einen Teil mit Reaktionen übernommen oder haben Sie immer bewusst das Gleichgewicht gehalten und gleichzeitig bewusst irgendwo hingeschaut und gleichzeitig bewusst geatmet und gleichzeitig bewusst ... ? Spürten Sie die unvergleichlich großen Anstrengungen schon allein in den bewusst bewegten Muskeln?

Oder denken Sie an das Autofahren: Kuppeln, schalten, bremsen, Geschwindigkeit, Vordermann, Gegenverkehr, Hintermann und Verkehrszeichen beachten und gleichzeitig mit dem Beifahrer reden, führen Sie das alles mal bewusst gleichzeitig durch! - Oder besser nicht, im Interesse der Unfallfreiheit.

4. Gefühl - was ist das?

Dem Begriff „Gefühl" wird in der Neurosophie eine große Bedeutung eingeräumt. Was sind denn aber eigentlich jene Gefühle, die wir da in uns spüren? Wir können mit unserem Tastsinn fühlen, auch Wärme, Kälte oder Schmerz u. a. wahrnehmen. Fühlen als Sinneswahrnehmung ist hier jedoch nicht gemeint, sondern jene Gefühle, die unsere Stimmung be-stimmen. Um diese Gefühle verstehen zu können, muss man sich mit dem Unterbewusstsein und dem Bewusstsein beschäftigen und schauen, welche Abläufe dort zu beobachten sind.

4.1 Wie das Unterbewusstsein zum Bewusstsein „spricht"

Unser Bewusstsein können wir ziemlich problemlos wahrnehmen, wenn wir unsere Aufmerksamkeit dorthin richten. Schwieriger wird es mit der Wahrnehmung unseres Unterbewusstseins. Wir nutzen es täglich, indem wir das Gedächtnis nutzen. Aber das Gedächtnis mit seinen vielfältigen Erinnerungen ist nur ein Teil des Unterbewusstseins. Es funktioniert irgendwie im Sinne der Lebenserhaltung und Lebensentfaltung, weil es auch sämtliche uns unbewussten Körpervorgänge (Sinneswahrnehmungen, Herzschlag, Atmung, Drüsenfunktionen, Verdauung, Stoffwechsel, Immunabwehr...) steuert und es verfügt über Möglichkeiten, mit dem denkenden, wertenden und schöpferisch planenden Bewusstsein Informationen auszutauschen: Lassen Sie uns einmal gemeinsam an einen herrlichen Frühlingstag erinnern, den wir einmal - vielleicht verliebt? - in der warmen Sonne sitzend genossen haben. Gehen wir in unserer Erinnerung - evtl. bei geschlossenen Augen - nochmals neu in die damalige Situation und lassen Sie uns diese nacherleben.

Können Sie die damalige Umgebung „sehen"?
Welche sonstigen Details tauchen aus der Erinnerung auf?
Fühlen Sie wieder wie damals die wohlige Wärme der Sonne auf Ihrer Haut!
Wie war Ihre Stimmung?
Fühlen Sie die damalige Stimmung auch bezüglich der Stärke der Gefühle und achten Sie nun einmal darauf, wie sich Ihre Stimmung in der Realität soeben verändert hat!

Sie haben mit der bewussten Aktion „ich erinnere mich jetzt an einen herrlichen Tag im Frühling in der Sonne sitzend" Ihr Gedächtnis und damit Ihr Unterbewusstsein aktiviert; Sie richteten Ihre Aufmerksamkeit auf eine bestimmte Situation in der Vergangenheit. Was ist dann geschehen?

1. Sie konnten vor Ihrem geistigen Auge die damalige Situation sehen und verschiedene Sinneswahrnehmungen erinnern.
2. Sie konnten die damals schon einmal erlebten Gefühle nacherleben und bekamen sogar in einem gewissen Maße die damalige Gefühlsstärke heute nochmals neu aus dem Unterbewusstsein geliefert.
3. Die damaligen Gefühle bewirkten eine Veränderung Ihrer derzeitigen Stimmung hier und jetzt, sie stimmen uns neu.

Das Unterbewusstsein schöpft demnach seine Botschaften an das Bewusstsein aus vielen Teilen seiner Erinnerungen zu einem Ereignis. So können wir die Vergangenheit mit all unseren Sinnen erinnern, wie die Wärme, evtl. den Schmerz eines ersten Sonnenbrandes, Düfte, Geschmack, Laute usw.. Das bildhaft-plastische Sehen ist hier besonders angeregt worden, was aber nicht in jeder Lebenssituation so ausgeprägt wie in diesem Beispiel wahrgenommen wird: Wer uns droht, erzeugt in uns eine Vorstellung, stellt also ein Bild der Zukunft vor uns hin, das wir zwar wahrnehmen können, welches aber in der Regel von einem mehr oder minder starken Angstgefühl überlagert wird, das wir dann spüren und vorrangig wahrnehmen. Ein Gefühl wird in jeder Situation vom Unterbewusstsein erzeugt, ein Bild nicht immer (bewusst). Vereinzelt gibt es sogar Menschen, die von sich behaupten, keinerlei Bilder in ihrer Vorstellung erzeugen zu können.

Ein in der täglichen Praxis wichtiger Teil des Nachrichtenaustausches zwischen dem Unterbewusstsein und dem Bewusstsein ist nach dem Erinnern eines Ereignisses das Gefühl. Dieses übermittelt nämlich nicht nur eine reine Gedächtnisleistung, sondern hat auf uns eine direkte Wirkung im Hier und Jetzt: Indem auch die damals wirkende Stärke der Gefühle übermittelt wird, beeinflussen diese damaligen Gefühle unsere derzeitigen. Wir fühlen in einer aktuellen Situation wie in der vergangenen. Über ein Gefühl erhält das Bewusstsein eine Nachricht, wie das Unterbewusstsein in diesem Augenblick den weiteren Verlauf des Lebens einschätzt und zwar indem es vergangene ähnliche

Ereignisse aufgrund der bisherigen Lebenserfahrung als sich nun wiederholend darstellt.

4.2 Es gibt im Prinzip nur 2 Gefühle

Wer sich einmal die Mühe macht, Begriffe zu sammeln, die unsere Gefühle beschreiben, wird bald zu einer recht großen Datei kommen. Die Vielfalt unserer Begriffe dient der Verständigung und beschäftigt seit Urzeiten Dichter und Denker. Für den Selbsterkenntnisprozess jedoch war und ist diese Begriffsvielfalt verwirrend, weil viele Worte mit verschiedenen Zielrichtungen mehrfach benutzt werden. Der Begriff „Liebe" ist dafür ein gutes Beispiel: Wir lieben die Angebetete, hoffentlich auch unsere Eltern, den Lebenspartner, die Kinder, unser Hobby, vielleicht leckeres Essen oder ein gutes Glas Wein am Kamin; wir sprechen von platonischer und sexueller Liebe; Freundesliebe und Kinderliebe drücken jeweils wieder etwas ganz anderes aus. Wir könnten noch eine Vielzahl weitere Formen der Liebe ausführen. Alle zielen in eine andere Richtung. Schließlich müssen wir aus dem Zusammenhang heraus jeweils auch noch unterscheiden, ob wir von aktiver oder passiver Liebe sprechen, von empfangender oder gebender Liebe. So betrachtet leben wir in einem sprachtechnischen „Gefühlswirrwarr"; wir sind uns unserer Gefühle also oft gar nicht klar und eindeutig bewusst. Gefühlsklarheit ist aber eine grundlegende Voraussetzung, um sein eigenes Unterbewusstsein nicht nur hören, sondern auch verstehen zu können. Gefühlsklarheit ist eine grundlegende Voraussetzung für die aktiv zielgerichtete Gestaltung eines glücklichen Lebens. Deshalb ist es so wichtig, sich der Gefühle als Anzeige der Einschätzung der aktuellen Lebenssituation durch das Unterbewusstsein bewusst zu werden. Denn nur, wenn wir auf die Sprache unseres Unterbewusstseins überhaupt achten, ihr zuhören und sie verstehen lernen, können wir über unser so mächtiges Unterbewusstsein etwas erfahren. Das ist der erste wichtige Schritt, sich selbst verstehen zu lernen.

Gefühle sind die Sprache des Unterbewusstseins an das Bewusstsein, welche uns entweder negativ oder positiv stimmen, wie wir nun wissen. Ebenso ist uns bekannt, dass das Unterbewusstsein lediglich zwischen Ja oder Nein unterscheiden kann, zwischen Schädigung oder Förderung des Lebens und alles jeweils nur aufgrund der bisherigen Lebenserfahrung. Demnach kann es im Prinzip nur zwei Gefühle geben, nämlich eines, das eine Schädigung anzeigt sowie ein gegenteiliges Gefühl zur Anzeige des Zustandes der Förderung des Lebens. Anders ausgedrückt: Das Unterbewusstsein signalisiert unserem Bewusstsein lediglich ein mögliches oder derzeitiges Gleich- oder Ungleichgewicht der Lebenssituation.

Allerdings spüren wir unterschiedliche Gefühlsstärken. Auch ist die Zielrichtung unserer Gefühle immer wieder verschieden. Wie spüren z. B. unsere körperliche Gesundheit, andere Gefühle weisen auf unsere Sicherheit hin, wieder andere auf Partner, Gruppen oder andere Arten der Umweltbeziehungen; der Begriff Kindesliebe kann z. B. die Liebe einer Mutter zum Kind oder auch vom Kind zur Mutter ausdrücken. Diese Aufzählung ist beinahe endlos fortsetzbar. Wir können nahezu nichts spüren, aber auch vernichtenden Hass wie himmelhoch jauchzende Liebe. Alle zeigen uns aber stets entweder eine Harmonie oder eine Disharmonie, ein Ungleichgewicht oder Gleichgewicht, Ausgleich, an.

Wenn wir erkennen und begreifen, dass unsere Gefühle den Grad des Ausgleichs unseres Befindens, unseres Umgangs mit uns selbst, mit Partnern, mit unserer Umwelt insgesamt als Summe unserer Lebenserfahrungen anzeigen, dann verstehen wir auch, dass wir gewissermaßen über einen eingebauten Wegweiser verfügen, den Inneren Wegweiser. Dieser Innere Wegweiser stellt uns ununterbrochen in jeder Situation unsere gesamte Lebenserfahrung zur Verfügung. Über die Ungleichgewicht anzeigende Angst warnt er uns vor Gefahren. Die Freude teilt uns klar und deutlich mit, dass wir entsprechend dem bisherigen Erleben auf dem richtigen Weg sind. Wir brauchen unser Bewusstsein nur zum Wahrnehmen dieser uns ununterbrochen zur Verfügung gestellten Informationen zu öffnen und darüber nachzudenken; schon steht uns ein Schatz in uns selbst zur Verfügung, den wir bislang irgendwo außerhalb suchten! - - -

Der Begriff „Angst" ist hier der Sammelbegriff für alle Gefühle, welche die Lebenserhaltung und / oder die Lebensentfaltung als bedroht signalisieren. Und die „Freude" ist der entgegengesetzte Oberbegriff für alle die Lebenserhaltung und / oder Lebensentfaltung als erfüllt anzeigenden Gefühle. Diese Zusammenfassung scheint erlaubt. Freude können wir schließlich ganz fein glimmend bis zum überschäumenden Glück fühlen. Die Angst beginnt bei der leisen Unzufriedenheit und reicht bis zur

Depression oder Panik. Mit dieser Reduzierung unseres Gefühlswirrwarrs auf nur noch zwei Begriffe folgen wir nur dem offensichtlichen (offen sichtbaren) Schema der Natur, das aber wohl bislang doch nicht so deutlich erkannt oder eindeutig benannt wurde. Dieser Kunstgriff ordnet unsere Gefühle schlagartig und verblüffend eindeutig: Aus dem Wirrwarr unserer Gefühle wird in jeder Situation mühelos Klarheit!

Wer sein Leben nach der Freude ausrichtet, sich täglich bemüht, sich von Freude zu Freude zu hangeln, wird ein erfreuliches genießen. Wer sich der Angst als Warnung vor Gefahr bewusst ist und sein Denken auf den Ausgleich aktiviert, wird jeder Gefahr oder Beeinträchtigung des Lebens im Rahmen seiner Möglichkeiten bestmöglich begegnen. Damit werden die Lebenserhaltung und die Lebensentfaltung im Rahmen des uns Möglichen für uns und unsere Umwelt gefördert werden. Dann aber lebt man im Einklang mit dem Urgesetz des Lebens und somit zwangsläufig in derzeit größtmöglicher Ausgeglichenheit! So einfach wirken die Lebensgesetze! Darum ist es so wichtig, sie wirklich zu verstehen und nach besten Kräften bewusst danach zu leben! Der Innere Wegweiser ist uns dabei der treueste Helfer. - Und dabei kommt er mit lediglich zwei Gefühlen aus, einem positiven und einem negativen! -

4.3 Das Energiemodell der Neurosophie

Wie aus der Beobachtung unseres Frühlingstages bereits zu entnehmen, werden unsere Gefühle in unterschiedlicher Stärke an unser Bewusstsein übermittelt. Um dieses besser verstehen zu können, soll unser Gedächtnis einmal modellhaft mit einer Kartei verglichen werden:

Wenn wir uns eine Wissenskartei anlegen, können wir diese nach Sachgebieten unterteilen, wie Rezepte, Kultur, Physik, Gesundheit, Hobbys und was uns sonst noch interessieren mag. Innerhalb der Sachgebiete bilden wir Untergruppen, indem wir beispielsweise Schlagworte nach dem Alphabet sortieren. So brauchen wir nie die gesamte Kartei durchzugehen, wenn wir in der Gruppe Rezepte die Untergruppe Desserts und dort schließlich den gesuchten Wackelpudding finden wollen. Unser Gedächtnis können wir mit solch einer Kartei durchaus vergleichen. Dabei stellen wir uns vor, dass wir alles Erlebte samt unserem damaligen

Verhalten zusammen mit unseren dabei empfundenen positiven oder negativen Gefühlen und deren Stärke jeweils auf einer Karteikarte speichern. Die Gefühlsstärke beinhaltet in sich die Aussage, dass es sich um eine Energie innerhalb einer gewissen Spannbreite handeln muss. Diesen Begriff wollen wir uns nun einmal näher betrachten:

Unter der Abspeicherung der Gefühlsstärke kann man sich vorstellen, dass nicht Energie an sich, sondern gewissermaßen ihr gemessener Wert - ähnlich der Mengenangabe in unserer Rezeptkartei - auf die Karteikarte geschrieben wird. Weil Erhalt oder Beeinträchtigung des Lebens das alleinige Sortierkriterium des Unterbewusstseins darstellen, ist dieser Wert für das Überleben in Gefahrensituationen wichtig. Wird später nämlich eine dem Unterbewusstsein gleichartig erscheinende Situation angetroffen, veranlasst der alte Messwert aus der Gedächtniskartei den Körper, eine entsprechend hohe Energieleistung zur Abwehr der Gefahr bereitzustellen. So braucht der Körper nicht ununterbrochen mit Höchstleitung zu arbeiten. Werden aber gleichartige bedrohliche Erlebnisse wiederholt oder über einen längeren Zeitraum angetroffen, können sich die Messwerte summieren und so z. B. im Extrem zu einer Panikreaktion führen. Dazu ein alltägliches Beispiel:

Sie wollen in Ruhe ein Sie schon lange interessierendes Buch lesen und haben sich nun endlich dafür zurückziehen können. Es dauert nicht lange, bis der Jüngste mit der ganz wichtigen Frage kommt, warum denn in seinem Zimmer immer wieder neu Spinnennetze entstehen. Sie fühlen sich gestört. Kaum lesen Sie weiter, klingelt das Telefon: Falsch verbunden! Nach 5 Minuten kommt der Hund und will unbedingt Gassi gehen. Dass er beim Schwanzwedeln nebenbei noch schnell die neue Bodenvase ins Nirwana schickt, lässt den Energiepegel natürlich weiter steigen. Und wenn nun auch noch der Ehepartner nach der von Ihnen verlegten Gartenschere fragt, ist eine ungehaltene Reaktion in Kenntnis des bisherigen Verlaufs eigentlich zu verstehen. - Dabei kann der Partner doch gar nichts dafür, dass Sie bereits mehrfach gestört wurden, bekommt aber dennoch die geballte Energieladung ungewollt ab. Er trug schließlich auch dazu bei, Ihr Ruhebedürfnis zu stören. - Ihr Bedürfnis nach Zärtlichkeit dürfte in den nächsten 5 Minuten nicht unbedingt zur vollständigen Zufriedenheit zu erfüllen sein. -

An diesem Beispiel ist die Steigerung des Gefühlspegels deutlich zu verfolgen. Im Laufe der Zeit danach werden die Messwerte verblassen, also schwächer werden, sofern sie nicht mehr durch neue gleichartige Erlebnisse aufgefrischt werden. - Erinnern Sie sich noch an ihren ersten Liebeskummer? Heute fühlen Sie Ihn deutlich geringer. Selbstverständlich bestehen auch noch andere Möglichkeiten der Entladung, wie an Entschuldigungen mit anschließender Versöhnung zu beobachten. Darauf soll hier aber noch nicht weiter eingegangen werden.

Leider summieren sich Glücksgefühle nicht in der gleichen Art. Sie entstehen im Falle der Erfüllung eines bislang intensiv als unerfüllt empfundenen und / oder früher stark verletzten Bedürfnisses. Je stärker das Energiepotential dieses Bedürfnisses, desto größer ist unsere Freude im Falle der Erfüllung. Es zeigt sich in diesem Detail wieder, dass das Leben im Bauplan der Natur tatsächlich in der Hauptsache ein Kampf des Überlebens, nicht des Genießens ist.

Für viele Ängste wichtig ist der Hinweis, dass Gefühle an sich und auch in ihrer Stärke nicht nur aufgrund tatsächlicher Erlebnisse im Gedächtnis gespeichert werden können, sondern auch aufgrund unseres Denkens mit bildhaft-plastischen Vorstellungen die ihren Kern durchaus schon in der Kindheit haben können. - Das Anzünden eines Streichholzes regt uns normal nicht auf. Allein die Vorstellung, dass jemand in einem Pulverlager ein Streichholz entzünden will, kann bei unserer Anwesenheit recht große Energien in uns freisetzen (und im Fall der Realisation nicht nur bei uns), auch wenn wir noch nie die Gelegenheit hatten, solch eine Explosion zu überleben und es wohl ein 2. Mal solch eines Erlebnisses auch nicht geben dürfte. - Unsere durch das Denken erfolgende Bewertung bestimmt in diesem Fall besonders deutlich die Höhe des Energiepotentials für unser Handeln.

Überall in der Natur versucht das Leben Schwächen, welche die Lebenserhaltung beeinträchtigen können, durch Verstärkungen auszugleichen. Turner kennen die starke Hornhaut auf Ihren Händen nach regelmäßigem Recktraining. Der Hobbygärtner kann gleiche Erfahrungen beim Umgraben mit seinem Spaten sammeln. Ein ausgeheilter Knochenbruch ist an dieser Stelle stärker als der umgebende Knochen. Die Beispiele ließen sich beliebig fortsetzen. Mit dem messtechnischen Energiepotential im Gedächtnisspeicher wird gewissermaßen eine „Hornhaut der Seele" gegen Verletzungen gleich welcher Art gebildet.

Zur bereits angesprochenen Aufsummierung von Energiepotentialen darf der Hinweis nicht fehlen, dass nicht unbedingt nur gleichartige Erlebnisse dazu führen können. Vielmehr kann es durchaus passieren, dass das Unterbewusstsein auch solche als gleich ansieht, die wir bewusst denkend nicht als gleich erkennen. Die Ursache liegt in der Sortierung der Gedächtniskartei nach Bedürfnisgruppen im Zusammenhang mit Erlebnissen. Hier kann es schnell einmal zu falschen Sortierungen kommen, wenn gleichzeitig 2 Bedürfnisse angesprochen werden. Dann verbindet sich das Hauptbedürfnis situationsbedingt mit einem weiteren und zieht so zukünftig manchmal Teile der Energie fälschlich auf sich. Hier zu entwirren ist später oft nicht einfach.

Es sei nun noch ergänzt, dass auf der Karteikarte unseres Modells nicht nur das Ereignis an sich, seine Bewertung sowie der Wert des Energiepotentials gespeichert werden, sondern auch die daraufhin erfolgte eigene Reaktion. Und dabei geschieht etwas, was wir nur unter Berücksichtigung der Tatsache verstehen können, dass das Unterbewusstsein nicht werten, sondern nur unterscheiden kann: Führte die damalige Handlung - sie kann dumm, unsinnig oder gar schädlich gewesen sein - nicht zum Tode, war sie im primitiven Unterscheidungsschema des Unterbewusstseins „richtig" und wird deshalb in einer zukünftigen Situation als unbewusste Reaktion so lange immer wieder neu angeboten, bis wir sie aufgrund einer im Bewusstsein stattfindenden Neubewertung als weniger geeignet einstufen und damit - bei ausreichend höherem Energiepotential - evtl. die alte Reaktion löschen. Die Aussage dieses Absatzes ist für das Ändern eigenen Verhaltens von grundlegender Bedeutung.

4.4 Meine Angst ist mein bester Freund

Für viele Menschen ist die Angst ein Gefühl, das man auf jeden Fall zu meiden habe. Andere meinen, keine Angst haben zu „dürfen". Doch wer verbietet uns, Angst zu haben? Außerdem führen beide Einstellungen zur Angst vor der Angst. Wenn es ganz schlimm kommt, hat dieser Mensch in bestimmten Situationen Angst vor der Angst der Angst und die ist für ihn dann kaum noch zu verstehen. Aber schauen wir uns dieses wichtige Gefühl doch einmal näher an:

Angst spüren wir in verschiedenen Situationen unterschiedlich stark. Angst zeigt Ungleichgewicht an, warnt uns vor einer Gefahr, sofern wir sie als solche im Laufe unseres Lebens schon einmal erfuhren - oder erdachten (!) -. Kleine Kinder gehen in die Richtung eines Tigers, um diese schöne große Katze zu streicheln. Sobald der Mensch aber von der Gefahr erfährt, die von diesem Raubtier ausgeht, wird er zukünftig durch sein Unterbewusstsein davor gewarnt, nämlich durch die Angst. Der von der Natur vorgegebene Sinn der Angst ist die Warnung vor einer das Leben beeinträchtigenden Gefahr. Das bedeutet dreierlei:

1.) Wir müssen dieses Gefühl überhaupt zur Wahrnehmung zulassen und uns klar und deutlich bewusst machen: Ich spüre Angst!

2.) Es muss eine konkrete Ursache geben, die eine Beeinträchtigung unseres Lebens oder unserer sonstigen uns wichtigen Bedürfnisse derzeit bewirkt oder zukünftig bewirken kann.

3.) Unser Unterbewusstsein fordert das Bewusstsein auf, nun seinen Sinn und Zweck zu erfüllen, nämlich zu denken und ausgleichende Abwehrmaßnahmen zu entwickeln.

Es ist erstaunlich zu beobachten, dass sehr viele Menschen Angst vor ihrem eigenen Angstgefühl haben. So handeln sie möglichst lange nach der Devise: „Wenn ich es nicht zulasse, Angst zu spüren, kann auch keine Gefahr vorhanden sein." Dieses Verhalten erinnert an das kleiner Kinder: Sie halten sich beim Versteckspielen die Hand vor die Augen und meinen, dass sie nun nicht mehr gesehen werden, weil sie selbst nichts mehr sehen. Der reife Mensch allerdings schaut sich genau an, welche Gefahr hier nun konkret welchem Bedürfnis droht. Und weil viele Ängste der Betroffenen inzwischen eine viel zu große Energieladung, also Gefühlsstärke, in sich tragen, aber nicht nur deshalb, lautet die Schlüsselfrage nach jedem Auftauchen einer Angst:

Welche Gefahr droht welchem Bedürfnis konkret und was kann ich dagegen unternehmen?

In der Masse der Fälle sinkt danach - deutlich zu fühlen, wenn man bewusst darauf achtet - im selben Augenblick die Angstenergie deutlich und schlagartig. Das liegt daran, dass wir uns auf die tatsächliche Gefahr konzentrieren und Angstgefühle aus früherem Erleben und die damit verbundenen Energieladungen (zumindest teilweise) ausgrenzen. Außerdem beinhaltet eine Warnung stets die Aufforderung: „Stelle Dich darauf ein!" Indem wir uns der Gefahr nicht nur bewusst werden, sondern uns daraufhin Abwehrmaßnahmen ausdenken, wird durch sie die Gefahr tatsächlich gemindert oder gar gemeistert! - Wir schaffen gedanklich vorab schon einen Ausgleich. -

Wir haben einen Freund, der ununterbrochen jeden Tag und zu jeder Sekunde für uns wacht und uns vor möglichen Gefahren warnt, nur um unser Wohlergehen zu sichern: Das Unterbewusstsein mit seinem Inneren Wegweiser! Es spricht im Falle einer möglichen oder schon eingetretenen Beeinträchtigung des Lebens über die Angst zu uns. Deshalb ist die Angst tatsächlich unser bester Freund. Reichen wir ihr die Hand zum Bunde, statt sie zu verdrängen oder abzulehnen!

Es gibt aber auch krankhafte Formen der Angst. Als Beispiele seien unbegründete Ängste vor großen Plätzen, bestimmten Gegenständen (z. B. Gummiringen) oder Tieren (z. B. Spinnen, Mäuse) genannt. Auch die verschieden stark vorkommenden Formen der Depression gehören in diese Gruppe. Es ist weder Anliegen noch Aufgabe der Neurosophie, hierzu Lösungen anzubieten. Krankheiten oder Störungen der Psyche gehören in die Behandlung eines entsprechenden Therapeuten und sollten von Betroffenen auch genutzt werden. Gerade Angsttherapien haben eine sehr gute Prognose der Heilung dieser Störung oder Krankheit. Grundsätzlich trifft es in den meisten Fällen zu, dass eine Fehlbewertung in einer bestimmten Situation bis heute wirkt. Deshalb wirkt in den meisten Fällen eine kontrollierte Annäherung unter Anleitung eines Therapeuten an das entsprechende Objekt in kleinen Schritten recht gut. Daneben können falsche Verknüpfungen unterschiedlicher Bedürfnisbereiche ein Auslöser sein. Hier ist diese erst aufzudecken, oder die Energieladungen beider verknüpfter Bereiche zu normalisieren, ehe sich eine Besserung für den betroffenen Menschen einstellt. Die oben angesprochene Angst vor der Angst vor der Angst kann auch bei Depressionen eine Rolle spielen. Leichte Formen, die wir nicht als krankhaft, sondern als Befindlichkeitsstörung einstufen, erlebten die meisten von uns schon wenigstens einmal. Auch dazu sind Verletzungen von bestimmten Bedürfnissen, hier besonders oft als Kombination von zweien oder gar mehreren zu beobachten. So ist oft die Partnerschaft gestört oder gar in einer handfesten Krise, es gibt vielleicht beruflich Probleme. Es kann aber auch eine Vielzahl anderer Störungen unserer Lebensentfaltung als Ursachen geben. Wer dazu noch in der Lage ist, sollte sich kleine erreichbare (!) Ziele setzen und sie konkret anpacken. Das hilft teilweise, den Fall in das Loch abzubremsen und buchstäblich die Kurve wieder nach oben zu bekommen. Wer keinerlei Antrieb mehr hat, der sollte schleunigst zum Arzt und dort Hilfe beanspruchen. Die Stimmung aufhellende Mittel sind dort eine probate Therapie. Wer lieber pflanzliche Produkte den synthetischen Medikamenten vorzieht, kann Kava-Kava versuchen. Diese Pflanze ist in der Wirkung den Synthetics etwa gleich, zeigt aber nicht die oft unangenehmen Nebenwirkungen jener künstlichen Chemikalien. Es sollte jeder betroffene Mensch wissen, dass Stimmungsaufheller, sei es das mild wirkende Johanniskraut, die Kavapflanze oder ein synthetisches Medikament, jeweils erst nach 10 bis 14 Tagen ihre Wirkung wahrnehmbar zeigen. Die Einnahme ist stets unter der Kontrolle eines Arztes anzuraten.

Solche ungewöhnlichen Ängste sind aber ebenfalls ein Warnzeichen für uns. Medizin, ist eine Möglichkeit, die sprichwörtliche Kurve wieder zu kriegen. Dann aber sollten die Ursachen behandelt werden und die liegen gewöhnlich in uns selber, unseren Bedürfnissen, Wertungen, Einstellungen und unserem Handeln. Daneben sei aber auch darauf hingewiesen, dass Ängste andere Auslöser haben können, wie ein zu niedriger Blutzuckerspiegel, Stoffwechselkrankheiten, auch im Gehirn, Ernährungsfehler, hormonelle Störungen, die oft nur durch einen den Patienten selten angebotenen Hormonstatus erkannt werden können, und viele andere Möglichkeiten mehr. Stets erfüllen diese Ängste aber die ihnen zugedachte Funktion: Sie warnen vor der Beeinträchtigung unserer Lebenserhaltung oder Lebensentfaltung und sind deshalb unser bester Freund. Nehmen wir ihn ernst und schenken ihm deshalb die ihm gebührende Aufmerksamkeit und kümmern wir uns im erforderlichen Umfang um ihn.

4.5 Der Unterschied zwischen Freude und Begeisterung

Wir wollen uns nun dem Ausgleich anzeigenden Gefühl der Freude zuwenden und ihrer sirenenhaften Tochter, der Begeisterung. Die stärkste Stufe der Freude stellt das Glück dar. In unserem Verständnis der Freude als Sammelbegriff für Gleichgewicht anzeigende Gefühle, beginnt sie schon bei jenem fast neutralen Zustand, der gerade eben von keinerlei Beeinträchtigung getrübt ist und uns zumindest ein bisschen Zuversicht spüren lässt. Ein Ausgleich anzeigendes Gefühl entsteht auch beim Denken und Planen. Wir kennen die dabei entstehende Vorfreude. Sie drückt ein uns sehr wichtiges Energiepotential aus, nämlich unseren Wunsch, ein bestimmtes Ziel zu erreichen, von dem wir uns einen Fortschritt an Lebensentfaltung versprechen. Doch besteht gerade an dieser Stelle eine besondere Gefahr für jeden, der nach Selbsterkenntnis und Gleichgewicht strebt:

Nehmen wir als Beispiel die Gesundheitspflege. Das tägliche Joggen erkennt unser wertendes Bewusstsein als besonders die körperliche Gesundheit fördernde Maßnahme an. Ab morgen (bloß nicht gleich heute, jetzt und sofort!) wollen wir also regelmäßig laufen. Stellen wir uns bildhaft-plastisch vor, wie wir bei strahlendem Sonnenschein lockeren und kraftvollen Schrittes fröhlich durch die schöne Natur joggen. Tief atmen die Lungen den satten Duft der Wiesen, Felder und Wälder. Ein angenehmer Luftzug kühlt unsere Stirn. Genießen wir die bewundernden Blicke entgegenkommender Spaziergänger. Freuen wir uns schon auf die Anerkennung unserer Freunde bezüglich der neu erworbenen Kondition! Spüren wir, wie stählerne Kraft und strotzende Gesundheit unseren Körper durchströmen! Und unsere berufliche Leistungsfähigkeit muss bei so großartiger Kraft und Gesundheit ganz einfach explodieren! So etwa steht es in Büchern und Zeitschriften! - - -

Doch halt! Ein eisiger Wind peitscht nässende Wolkenschwaden um das Haus. Würde es Ihnen heute Freude machen, zu joggen? Beobachteten auch Sie schon einmal den gequälten Ausdruck im Gesicht der meisten Jogger? Sie scheinen sich über etwas anderes freuen zu können, nur nicht über das Laufen.

Mit diesem Beispiel soll deutlich werden, dass wir mit der „Be-Geist-erung", der rein durch den Geist verursachten Freude, nicht ebenso als Innerer Wegweiser rechnen können, wie bei der aufgrund eines äußeren Anlasses erwachsenen Freude. Offensichtlich kommt letztere aus dem Unterbewusstsein und wirkt deshalb fortdauernd. Begeisterung hält dagegen nur so lange an, wie wir unseren Geist als Aufmerksamkeit auf ihr Objekt richten, danach wirken oft wieder stärkere Energien im Unterbewusstsein, speziell im Bereich unserer Grundbedürfnisse, wie später noch dargestellt wird. Wenn das Objekt der Begeisterung nicht ohnehin ein starkes Energiepotential aufwies, das nun noch mehr aufgeladen wurde, gibt es keinerlei Chance zur Verwirklichung des Vorhabens. Das Unterbewusstsein bleibt dann Sieger, immer! Jetzt wissen Sie, weshalb so viele Vorhaben in der Vergangenheit zu „Vorhatten" wurden: Sie standen ganz einfach stärker wirkenden Energiepotentialen in unserem Unterbewusstsein entgegen!

Anmerkung: Es gibt weitere Situationen und Einflüsse, die den Inneren Wegweiser in seinen Äußerungen zumindest für eine gewisse Zeit übertönen können, so dass wir ihn nicht mehr wahrnehmen können, sondern nur die Fremdeinflüsse. Das kann zu gravierenden Täuschungen führen. Die im vorigen Kapitel bereits erwähnten Hormonstörungen oder ein gestörter Stoffwechsel auch im Gehirn seien nur beispielhaft und stellvertretend für viele weitere Möglichkeiten genannt. Es würde zu weit führen, hier auf solche Ausnahmen weiter einzugehen; denn in dieser Einführung soll nur ein Grundgerüst an Wissen zur Verfügung gestellt werden, das lerntechnisch auch zu verarbeiten ist.

5. Zu unseren Grundbedürfnissen

Führt man sich die Entwicklung des Lebens von der Urzeit bis heute vor Augen, so ist sie eine Serie von Versuchen und Irrtümern, welche zu jenen vielfältigen pflanzlichen und tierischen Lebensformen führte, die wir bis heute in der Natur beobachten können. Stets war es der Versuch, sich den örtlich vorhandenen Gegebenheiten im Sinne der eigenen Lebenserhaltung und Lebensentfaltung möglichst optimal lernend anzupassen. Dieses gilt ebenso für den Menschen und ist besonders in seiner persönlichen Entwicklung vom Neugeborenen bis zum Erwachsenen und - normalerweise in weniger vielfältig geballter Form - darüber hinaus während seines ganzen Lebens jeweils zu beobachten. So kann es nicht verwundern, dass auch unsere Bedürfnisse solch einem Lernprozess unterliegen. Die folgende Darstellung schildert nur diese, lässt z. B. genetisch mutierte oder anderweitig (z. B. biochemisch) verursachte oder beeinflusste Bedürfnisse unberücksichtigt. Dieses scheint im Rahmen dieser Einführung angemessen, da sie lediglich ein Grundgerüst an Wissen liefern und deshalb nur die für die persönliche Praxis wichtigsten Inhalte vermitteln soll.

5.1 Die Entstehung unserer Grundbedürfnisse

Die Menschen sind in der Natur am längsten auf die Versorgung durch ihre Eltern angewiesen. Dabei durchlaufen sie spätestens mit der Geburt bis zum Erwachsensein einen Entwicklungsprozess, der nur ein einziges Ziel hat, nämlich so gut wie nur irgend möglich zu lernen, das eigene Leben unabhängig von den Eltern selbstbestimmt und gleichberechtigt bestmöglich gestalten und entfalten zu können. Selbstbestimmung in Ebenbürtigkeit ist demnach das Endziel unserer Entwicklung vom Kind zum Erwachsenen. Ist sie erreicht, sind wir endlich reif und erwachsen. -

Bis dahin sind aber, an der Entwicklung der Kinder gut zu verfolgen, viele Zwischenschritte ab der Geburt erforderlich. Der erste heißt entsprechend dem Urgesetz ganz simpel **Lebenserhaltung**: Das Neugeborene benötigt Nahrung und Schutz vor allen äußeren Einflüssen, welche seine körperliche Unversehrtheit bedrohen können, wie z. B. vor Luftmangel, Hunger, Durst, Kälte, Hitze, Nässe, Krankheit, Verletzungen und anderem mehr. Sobald davon auch nur eines bedroht oder unzureichend erfüllt ist, kennen alle Eltern das reflexhafte Schreien des Babys. Der Lebenserhaltung stehen deshalb z. B. unzureichende Ernährung, Pflegeverweigerung, Körperverletzungen, gesundheitsschädigendes Verhalten usw. als Bedürfnisverletzungen entgegen.

Die Erfüllung dieses ersten Grundbedürfnisses ist zufriedenstellend nur durch die Erfüllung eines weiteren, nämlich den engen **Körperkontakt**, möglich, den das Baby aus der vorgeburtlichen Phase im Mutterleib kennt. Er wird beim Stillen und der Körperpflege erfüllt, früher sicher auch beim Wärmen mit der Körperwärme der Eltern, durch streicheln, schmusen und andere Zärtlichkeiten. Demnach sind alle Arten der Verweigerung körperlicher Nähe und Zärtlichkeit von Bezugspersonen (hauptsächlich Eltern und Lebenspartner) Verletzungen dieses Bedürfnisses. Wie alle Grundbedürfnisse bleiben die in der Kindheit entwickelten zeitlebens bestehen, so auch das nach Körperkontakt. Nur unterliegt dieses noch der Möglichkeit zur Wandlung, nämlich zur Sexualität. Als weitere erläuternde Stichworte zum Körperkontakt gelten deshalb erotische und sexuelle Harmonie samt der sexuellen Erfüllung. Verletzt werden diese durch erotisches und sexuelles Desinteresse, ihre Verweigerung und durch Missbrauch.

Im Mutterleib war die Zusammengehörigkeit des Kindes mit der Mutter eine natürliche Gegebenheit. Die Geburt war die erste Trennung. Seitdem liegt das Neugeborene in unserer Kultur meistens getrennt für sich allein in seiner Wiege. Es weiß, dass es durch sein Schreien jene Zuwendung erhält, welche ihm die Erfüllung seiner Bedürfnisse, z. B. nach Nahrung durch das Zurückkommen der Mutter (zukünftig stellvertretend auch für den Vater oder eine sonstige Pflegeperson gültig) ermöglicht. Ebenso bald wird es lernen, dass es diese Beachtung nicht gleichmäßig erfährt, dass die Mutter es zeitweilig gar nicht oder erst sehr viel später wieder beachtet, bzw. beachten kann. Weil das Kind aber total abhängig von der Versorgung durch die Eltern ist, wird diese Beachtung zu einer Frage des Überlebens spätestens dann, wenn der Hunger mal besonders groß wurde. Das Ausgeliefertsein fördert das Bedürfnis nach lebenserhaltender Familienzugehörigkeit, allgemein definiert nach **Gruppenzugehörigkeit**. Deren Erfüllung äußert sich z. B. in Beachtung und Zuwendung in der Familie, später in Kinder- und Jugendgruppen, Partnerschaft,

Freundschaft und Liebe. Beispiele für Verletzungen des Bedürfnisses nach Gruppenzugehörigkeit sind demnach Isolation, Nichtbeachtung, Abwendung, Gleichgültigkeit.

Indem ein Kind anfangs nur sein Schreien als Möglichkeit der Äußerung eines Bedürfnisses gegenüber der Mutter zur Verfügung hat, welches die Mutter immer wieder einmal missdeutet (Beispiel: Baby hat nicht Hunger, sondern Bauchschmerzen), ist das Verstandenwerden eine für das Überleben wichtige Angelegenheit, die etwas später in der Entwicklung auch das Verstehen einschließt. Beides fassen wir in dem Bedürfnis nach **gegenseitigem Verstehen** zusammen, das vermutlich auch eine starke Triebfeder zum Erlernen der Muttersprache an sich darstellen dürfte: Je besser sich Mutter und Kind verstehen, desto besser kann für das Kind gesorgt werden. Nichtverstehen, Nichtverstandenwerden, aggressives Schweigen sind die entsprechenden Bedürfnisverletzungen.

Gleichzeitig mit der Ausprägung seiner Grundbedürfnisse vollzieht jedes Kind gewaltige Schritte der körperlichen und geistigen Entwicklung, eine Ausbildung seiner Stärken, welche ihm später ein bestmögliches Überleben sichern helfen sollen. Indem Kinder die den Eltern bekannte Gefahren noch nicht alle kennen können, ist die andauernde Vergewisserung über das Falsch oder Richtig seines Handelns für das Überleben hochrangig wichtig und wird hier als weiteres Grundbedürfnis mit dem Begriff **Anerkennung** benannt. Sie umfasst vorrangig die Ermunterung und Förderung des Kindes, ihm bislang unmögliches zu lernen und zu üben. (Wer beispielsweise das ungeduldige „Selber! Selber!" eines Kleinkindes missachtet, verweigert dem Kind die ihm gebührende und für seine Selbstwert - Einschätzung und Entfaltung wichtige Anerkennung seiner Kraft, Fähigkeiten, Fertigkeiten! Es wird sich immer wieder einmal überschätzen. Lassen wir ihm auch diese Erfahrung, indem wir es gelassen zumindest in Ansätzen und nötigenfalls mit sichernder Unterstützung selber handeln lassen.) Grundlage ist die Achtung schon des Kindes als uns gleichrangige Persönlichkeit trotz seiner derzeitigen Unvollkommenheit! Daneben beinhaltet die Anerkennung z. B. Bestätigung, Lob, persönliche Wertschätzung und auch (z. B. von den Eltern) erhaltenes Vertrauen. Als Bedürfnisverletzungen gelten hier demnach als beispielhafte Begriffe Missachtung, Maßregelung, Unterdrückung, negative Kritik, Bestrafung, Demütigung, Kleinmachen,

Niedermachen, Spott, Verhöhnung, Ablehnung, mangelndes Zutrauen, Geringschätzung und erfahrenes Misstrauen.

Das Leben ist seit seiner Entstehung naturbestimmt ein Kampf um das Überleben, sei es gegen Naturgewalten, widrige Klimabedingungen, Nahrungskonkurrenten oder Krankheiten, um nur die Wesentlichen zu nennen. Diesen vielfältigen Bedrohungen bestmöglich zu begegnen, weckt nicht nur die Ausbildung unserer Fähigkeiten und Fertigkeiten, sondern fördert auch ein weiteres wichtiges Grundbedürfnis, das nach **Sicherheit**. Sie erfüllt unser Bestreben, einen Zustand der unverletzten Bedürfnisse zumindest für einen überschaubaren zukünftigen Zeitraum als beständig werten zu können. Sicherheit erfahren wir als Kind von den Eltern in Form von Schutz, Hilfe und Unterstützung, aber auch durch deren Bestätigung, wenn wir etwas gut oder richtig gemacht hatten. Als weitere Begriffe der Kennzeichnung können dienen selbst erfahrene Rücksichtnahme, Entspannung, Geborgenheit, Offenheit, Vertrauenkönnen, materielle Sicherheit. Deren das Bedürfnis verletzende Gegenteile sind das Verweigern von Schutz, Hilfe, Unterstützung, aber auch Verweigerung von der Partnerschaft angemessener Bedürfniserfüllung, Egoismus oder Rücksichtslosigkeit eines Partners, Verunsicherung, Drohung, Verschlossenheit des Partners, Verletzung nach Offenheit, Vertrauensbruch, materielle Unterversorgung, Krankheit und Not. Sicherheit kann also entweder durch Partner, als auch durch andere äußere Einflüsse gewährt oder bedroht sein. Das Gefühl der Sicherheit zeigt an, dass in einem bestimmten Augenblick keine Bedrohung von Bedürfnissen wahrgenommen wird und stellt demnach genau betrachtet ein auf die Zukunft gerichtetes Bedürfnis dar, das die derzeit erfüllten Bedürfnisse in ihrer Summe anzeigt und für die Zukunft Schäden oder Verletzungen nicht erwarten lässt. Wer die Ursache von Unsicherheit sucht, muss sie letztlich also immer im Zusammenhang mit den vorstehenden Grundbedürfnissen suchen.

Erst wenn wir alle diese Bedürfnisse in einer bestimmten Situation als ausreichend erfüllt bewerten, ist uns die Erreichung der Krönung unserer Bedürfnisse möglich, die **Selbstbestimmung in Ebenbürtigkeit**. Sie umfasst die Eigenständigkeit unseres Handelns gegenüber und innerhalb der Umwelt und dient in Kombination mit unseren Fähigkeiten, Fertigkeiten und Stärken der eigenen Lebensentfaltung. Selbstbestimmung ist nur in der Freiheit möglich, wenn es in einer gegebenen Situation keine

Fremdbestimmung, keinen Zwang durch nicht selber anerkannte (!) Regeln, keine uns bedrohenden sonstigen Einflüsse gibt. Selbstbestimmung kann sich jedoch nur dann umfassend entfalten, wenn sie in gegenseitiger Ebenbürtigkeit unter Beachtung des Harmonisierungsgebotes im Sinn der Bestimmung und der Hauptaufgabe des Lebens erfolgt, denn:

Jede Herabsetzung und damit jedes sich über einen Partner stellen ist eine Verletzung seiner Ebenbürtigkeit und damit seiner Lebensentfaltung. Da dieses für alle Menschen gleich gilt, muss die Selbstbestimmung grundsätzlich und ohne jede Einschränkung eine in Gleichwertigkeit und Ebenbürtigkeit zu den anderen Mitmenschen sein!

Selbstbestimmung in Ebenbürtigkeit ist das Ziel aller Bedürfniserfüllungen (und des Prozesses des Erwachsenwerdens) und fasst aus der Bedürfnisstruktur heraus den Langtext des Sinnes, der Bestimmung und der Hauptaufgabe des Lebens in ein kurzes Schlagwort und kann uns somit ergänzend als Leitfaden unseres Handelns dienen. In dem Begriff Ebenbürtigkeit, er bedeutet „von gleichrangiger Geburt", steckt in verräterischer Weise das herabsetzende Denken vergangener Jahrhunderte, das von uns allen offensichtlich bis in die heutige Zeit übernommen wurde!

Im Anhang gibt es zur besseren Übersicht eine Tabelle der wichtigsten Grundbedürfnisse und ihrer Verletzungen, welche mit beispielhaften Schlagworten vertieft wurden. Dort kann man erkennen, dass sie in 4 Gruppen gegliedert sind:

Teil 1 enthält die körperliche Lebenserhaltung. Man kann das Bedürfnis nach körperlicher Lebenserhaltung als grundlegend einordnen, weil es dem Urgesetz des Lebens am nächsten steht.

In einer eigenen Gruppe, deren Schwerpunkt Lebensentfaltung ist, kann man Körperkontakt, Gruppenzugehörigkeit, das gegenseitige Verstehen und die Anerkennung zusammenfassen, welche die menschlichen Gruppenbildungen, die Partnerschaften kennzeichnen. Dem folgend beinhaltet Teil 2 die soziale, also vom Zusammenleben mit anderen Menschen abhängige Lebensentfaltung.

Das Bedürfnis nach Sicherheit zeigt den Erfolg der derzeitigen Bedürfniserfüllungen als Summe ihrer Teilbereiche und die eigene Wertung für deren Andauern in der nächsten Zukunft gegenüber der von der Natur grundsätzlich unbewusst erst einmal als lebensfeindlich angenommenen Umwelt. Sie bildet deshalb den eigenständigen Teil 3 in der Tabelle.

Lebensentfaltung per Selbstbestimmung in Ebenbürtigkeit kennzeichnet das Ziel unseres gesamten Strebens in der Summe aller vorher erfüllten Bedürfnisse. Sie bildet in Teil 4 die Krone der Erfüllung unserer Bedürfnisse.

5.2 Anmerkungen zu den Grundbedürfnissen

Vielleicht dachten auch Sie beim Lesen der Ausführungen zum **Körperkontakt** daran, dass seine Beschränkung auf die Familie gegenüber allen anderen Personen letztlich auch eine Verletzung des Bedürfnisses darstellen müsste. Dieses erscheint auch dem Autor im Prinzip richtig. Doch könnte die Entwicklungsgeschichte des Menschen hier Korrekturen eingefügt haben, die aus schlechten Erfahrungen mit feindlichen Artgenossen und der langen Entwicklungszeit bis zum Erwachsensein herrühren könnten: Wir suchen im Grunde immer den Körperkontakt, wie wir zum Beispiel beim Händeschütteln, Umarmungen und Bussis zur Begrüßung und zum Abschied beobachten können. Es sind ritualisierte Formen des Körperkontaktes, ebenso beim Tanzen. Daneben ist die sexuelle Variante des Körperkontaktes zu bedenken. Hier gibt es eine starke Kraft, die Eltern als Paar für die „Aufzucht" der Kinder zusammenhält, damit diesen das Überleben in ihrer von starker Abhängigkeit geprägten Lebensphase gesichert wird. Jeder paarfremde sexuelle Körperkontakt könnte diese für das Überleben des Kindes wichtige Versorgung zerstören. Möglicherweise ist die immer wieder zu beobachtende Umgehung der Paarbindung mit fremden Sexualkontakten so zu deuten, dass das Bedürfnis nach sexuellem Körperkontakt an sich weiter mit entsprechender Energie wirkt, die Gegenkraft aus nicht ausreichend erforschten Gründen aber nicht ausreichend entwickelt ist. Vermutlich spielen hier auch die inzwischen gravierend veränderten sozialen Verhältnisse in der Gemeinschaft eine Rolle. Dazu zählen u. a. die heute gängigen Verhütungsmittel und eine gewisse materielle Sicherheit auch für allein erziehende Mütter.

Die **Gruppenzugehörigkeit** scheint auf den ersten Blick Überschneidungen zur Anerkennung aufzuweisen. Der Schwerpunkt liegt hier aber auf der inneren Gewissheit, einer Gruppe anzugehören, nämlich grundsätzlich wichtig erst einmal der Mutter und der eigenen engsten Familie, später anderen Gruppen. Diese Zugehörigkeit äußert sich grundlegend in der Beachtung des Einzelnen durch die anderen Gruppenmitglieder. Wird der Einzelne dagegen geschnitten, als Kind von der Mutter nicht versorgt usw., ist er aus der Gruppe ausgestoßen. Wie stark das Bedürfnis nach Zugehörigkeit zu einer Gruppe ist, kann man sehr schön an sich von der Familie lösenden Jugendlichen beobachten: Indem sie als Teil ihrer Entwicklung zu selbstbestimmter Ebenbürtigkeit die Bindung zu den Eltern vielfältig zu lockern und aufzulösen trachten, suchen sie in ausgeprägter Form gleichzeitig intensiv Bindungen in anderen Gruppen. Diese grenzen sich durch Symbole von den Eltern und anderen Gruppen ab, wie z. B. durch bestimmte Arten der Kleidung, Frisur und vielfältige andere Interessen. Vereinfacht könnte man erläuternd sagen: Das Unterbewusstsein hat als „richtig" erfahren und signalisiert, dass Gruppenbildung der Lebenserhaltung dient. Deshalb stürzt sich der Jugendliche aus der Familie in die Gruppe der Gleichaltrigen und von dort später in die neue eigene Familie - Hauptsache die Zugehörigkeit zu einer Gruppe geht nicht verloren. -

Das **Gegenseitige Verstehen** als Grundbedürfnis ist nicht unbedingt als so wesentlich im Bewusstsein aller Menschen verankert. Indem die Menschen ihr Überleben zu einem entscheidenden Teil der Gruppenbildung und Arbeitsteilung verdanken, ist dieses gegenseitige Verstehen für uns in jeder Partnerschaft, privat wie beruflich, im gesamten Leben dennoch existentiell wichtig. - Wer schon einmal erlebt hat, wie in einem Gespräch, in dem einer der Partner ganz bewusst den anderen nicht verstehen wollte, der „Unverstandene" immer wütender wurde, erahnt die Energie, welche wir für das gegenseitige Verstehen einzusetzen bereit sind. Verstehen auch als Verständnis für den Anderen führt zu einer Nähe zum Partner, die uns erfahrungsgemäß sehr wohl tut und einen wichtigen Teil einer funktionierenden Partnerschaft ausmacht. Dieses gilt übrigens im übertragenen Sinne auch für berufliche Partnerschaften. - Es lohnt sich, darüber einmal länger und ungestört nachzudenken. Auch: Wie viel Zeit verbringen wir geplant und vorsätzlich die Partnerschaft fördernd, um den Partner tatsächlich zu verstehen und ihn uns verstehen zu lassen? - Was sagt uns deshalb die Häufigkeit und die manchmal endlos scheinende Länge von Gesprächen unter frisch Verliebten und was bedeutet das oft lange Schweigen in alten Ehen? Haben letztgenannte sich so umfassend ausgetauscht und gegenseitig verstanden, dass kein neues Verstehen mehr erforderlich ist oder wurden zwecks Vermeidung der Lösung von ungelösten Konflikten große Teile des gegenseitigen Nichtverstehens - eventuell unausgesprochen - zu Tabus erklärt?

Anerkennung von den Eltern ist im kindlichen Stadium für das Erlernen des Falsch und Richtig des eigenen Handelns äußerst wichtig. Später erhalten wir über die Anerkennung die erforderliche Rückkoppelung auch unserer Partner, unter anderem auch im Umgang mit ihnen auf einem für sie akzeptablem Weg zu sein. Bezüglich einer die Bedürfnisse der Kinder nicht verletzenden Erziehung ist ein Vergleich der erforderlichen Anerkennung der Persönlichkeit des Kindes mit der elterlichen Praxis angebracht. In einem erschreckend hohen Maße beobachtet der Autor gerade in Deutschland unzulässige Beschneidungen kindlicher Bedürfnisse aus unüberlegtem und oft nur der eigenen Bequemlichkeit dienendem elterlichen Machtmissbrauch. - Lenkende Maßnahmen der Eltern, das durchdacht begründete Setzen von Grenzen, welche ausschließlich dem Schutz der Kinder vor von ihnen (noch) nicht zu beherrschenden Gefahren oder der Abwehr der Schädigung Anderer dienen, können zwar von den Kindern als Verletzung bewertet werden, sind aber aufgrund der Nachrangigkeit der Lebensentfaltung zur Lebenserhaltung angemessen. Ein Ausgleich sollte über altersgemäß klärende Gespräche versucht werden. In anderen Fällen kann das von den Eltern kontrollierte Geschehenlassen bis direkt vor dem Eintritt der Katastrophe dem Kind die für sein Lernen wichtige Erfahrung vermitteln. Es gibt auch hier kein Patentrezept für alle nur möglichen Situationen. Vielmehr ist hier in besonderem Maße Intelligenz, Gelassenheit und Duldsamkeit der Eltern bei der Erziehung ihrer Kinder gefragt. Erziehung ist immer Förderung zur Lebensentfaltung in Selbstbestimmung und Ebenbürtigkeit.

Ein stetig wiederholtes Verwehren der Anerkennung des Kindes und die Missachtung der Bedürfnisse der Kinder über die Ablehnung ihres Verhaltens bis hin zu ihrer Demütigung, ist eine der Hauptursachen für die später im Leben vielfältigen schwerwiegenden Konflikte der Menschen untereinander. Hier sei besonders herausgehoben, dass ein bedeutender Teil der Missachtung von Bedürfnissen der Kinder, auf die Verwehrung ihres Rechtes auf Anerkennung ihrer eigenen Persönlichkeit zurückzuführen ist. Die dem Kind naturgemäß weit überlegenen Eltern missbrauchen dabei ihre Überlegenheit dazu, dass sie ihre damit verbundene Macht zur Durchsetzung ihrer eigenen Bedürfnisse und so zum Nachteil der Bedürfnisse ihrer Kinder einsetzen. Es fehlt einfach die Bereitschaft zur Toleranz und zum Nachgeben selbst zum eigenen unbedeutenden Nachteil, aber zum fürsorglichen Vorteil der Persönlichkeitsentwicklung des Kindes. Beispiel: „Ich will jetzt meine Ruhe haben." - Und was will das Kind haben? Ist sein Bedürfnis nichts wert? Ist das Kind nichts wert? - Das Kind lernt vom Verhalten seiner Eltern. Es wird also seine Mitmenschen zukünftig ebenso behandeln und später leider auch seine eigenen Kinder. Hier liegt ein in seiner Spätwirkung kaum zu ermessender Keim der Unterdrückung der Lebensentfaltung der Menschen untereinander! -

Wir werden wohl kaum jemals dazu kommen, unsere Kinder ideal zu erziehen, ihnen in jeder Situation mit der jeweils optimalen Lösung zu begegnen, allein schon, weil wir oft fehlerhaft bewerten. Aber wir können von nun an strikt darauf achten, unsere Kinder nicht mehr zu demütigen, zu verspotten, sie niederzumachen usw., sondern sie zu loben, zu bestärken, zur Selbstentfaltung zu fördern. Daneben können wir ab sofort unsere Aufmerksamkeit darauf richten, unsere Kinder als vollwertig gleichberechtigte Partner zu akzeptieren und sie so in der Entwicklung und Ausprägung ihrer ebenbürtigen Persönlichkeit von nun an unterstützen. An den Fehlern unserer eigenen Erziehung erkennen wir die Fehler unserer Eltern bei unserer Erziehung und stellen dabei fest, wie bestimmte Erziehungsfehler von Generation zu Generation weitergegeben werden. Keine Generation hat bislang offensichtlich den Kern erkennen können, wie es uns nun möglich ist. Indem wir uns dieser tragischen Kette bewusst werden, stellen wir fest, dass wir unseren Eltern keine Schuld zuweisen dürfen, denn sie stehen ebenso eingebunden in dieser Kette wie deren Eltern und wie wir selbst. Wir können lediglich feststellen und analysieren was war und können nun daraus lernen. Auch können wir Erlebtes nicht rückgängig machen. Und jeder Versuch einer Schuldzuweisung - neben den Eltern auch an die Gesellschaft, die Männer und welche Sündenböcke noch mehr, wäre der Versuch, das Lernen von uns zu weisen. Doch nur wir selbst können uns ändern, indem wir neu bewerten und uns für die Zukunft neuartiges Verhalten ausdenken und es dann möglichst bewusst praktizieren. Jemanden ändern zu wollen, ist eine Anmaßung und diese ist gleichzeitig immer eine Herabsetzung, also eine Verletzung der Selbstbestimmung und Ebenbürtigkeit. Wir können jedem Partner Verletzungen unserer Bedürfnisse anzeigen und damit Grenzen setzen, die wir auch verteidigen sollen. Aber ändern kann sich dieser Partner jeweils nur selber. Wir brauchen wieder mehr Gelassenheit, damit wir unseren Mitmenschen ihre Selbstbestimmung und Ebenbürtigkeit lassen können.

Die **Sicherheit** als Grundbedürfnis besitzt eine besondere Bedeutung in unseren Partnerschaften, erstreckt sich aber generell auf alle Lebensbereiche. In diesem Grundbedürfnis drückt sich aus, dass wir situationsbedingt nach Nischen suchen, in denen wir von außen nicht bedrängt oder gefährdet werden. Ein übermäßiges Sicherheitsstreben, das nur durch entsprechend verunsichernde Erfahrungen früherer Bedürfnisverletzungen entstanden sein kann, sollte auf seine Beziehungen zu den fünf vorher zu erfüllenden Bedürfnissen innerhalb eines Selbsterkenntnis - Prozesses untersucht werden. Dort und nicht im Grundbedürfnis nach Sicherheit steckt der Kern, ist die eigentliche Ursache für Störungen in aller Regel zu finden. Im Bedürfnis nach Sicherheit sammeln sich praktisch nur die anderen 5 Bedürfnisse und sind hier situationsabhängig und stets nur für einen Teilbereich wirksam.

Der Grundsatz der **Selbstbestimmung in Ebenbürtigkeit** ist nahezu weltweit seit alters einer der am wenigsten verstandenen und praktizierten und führt aufgrund der damit verbundenen stetigen Verletzungen fortlaufend zu unendlichem Leid! -

Verwunderlich ist die Tatsache, dass diese Doppelbödigkeit weitestgehend ungestraft trotz des Artikels 1 des Grundgesetzes der Bundesrepublik Deutschland geschehen kann, der da lautet: „Die Würde des Menschen ist unantastbar." Nach unserem Rechtsverständnis im Rang noch darüber angesiedelt ist der Artikel 1 der Allgemeinen Erklärung der Menschenrechte: „Alle Menschen sind frei und gleich an Würde und Rechten geboren. Sie sind mit der Vernunft und Gewissen begabt und sollen einander im Geiste der Brüderlichkeit begegnen."

Indem sich ein Mensch über den anderen erhebt, ihm droht und so nötigt oder gar erpresst, ist dieses ein Angriff auf die Würde, hindert er den Betroffenen an der Entfaltung zu einem reifen Erwachsenen, der Lebensentfaltung generell und nimmt ihm damit automatisch einen Teil seiner Rechte. Je öfter und je mehr Menschen jede Art der Überheblichkeit, Nötigung oder Erpressung im täglichen Leben dadurch abwehren, dass sie diese Übergriffe überhaupt einmal beim Namen nennen und sich verbitten, desto größer wird die Bewusstheit dieser uns derzeit meist gar nicht mehr auffallenden gegenseitigen Verletzungen und desto größer wird die Chance zu einem freien und gleichen Umgang in Brüderlichkeit. - Einfach nur jede Nötigung, Erpressung, Fremdbestimmung, Bevormundung, Demütigung, Herabsetzung und ähnliches benennen und auf einem den anerkannten Rechten beruhenden Verhalten beharren, mehr brauchen wir gar nicht zu tun und unsere Gegenüber werden sich ändern, sobald sie begreifen!

Erfahrungsgemäß fällt manchen Lesern auf, dass das Grundbedürfnis nach Anerkennung viele Elemente der Ebenbürtigkeit enthält und sie fragen deshalb, weshalb letztgenannte nicht dort als solche benannt wird. Hier hat es ausnahmsweise aus didaktischen Gründen eine Wertung durch den Autor gegeben, die nicht verschweigen, sondern auf die an dieser Stelle ausdrücklich hingewiesen und die nachstehend begründet werden soll, um dem Anschein einer Manipulation zu begegnen:

Selbstbestimmung als Endziel der Bedürfnisse darf nach Wertung des Autors in unserer auf Unterdrückung ausgerichteten Gesellschaft nicht alleine stehen, sondern muss die Ergänzung durch die Ebenbürtigkeit im direkten Zusammenhang erfahren, weil ansonsten ihre sich bedingende Abhängigkeit nicht allen Lesern klar und insbesondere mit großer Wahrscheinlichkeit häufig auch nicht im Bewusstsein verbleiben würde. Die tägliche Erfahrung zeigt, dass wir alle statt in gegenseitiger Unterstützung in einem derart ausgefeilten System gegenseitiger Unterdrückung der Bedürfnisse leben und dass wir uns so daran gewöhnt haben, dass uns dieser Umstand in den meisten Situationen gar nicht mehr auffällt! Diese Aussage gilt, weil die letztlich uns am schmerzhaftesten treffenden Verletzungen ursächlich aus schwerwiegender Unterdrückung unserer natürlichen Bedürfnisse durch Eltern, Partner, Vorgesetzte, Kollegen, Staat, der Gesellschaft allgemein herrühren. Denn wer einen Menschen beherrschen oder unterdrücken will, schafft dieses am einfachsten, wenn es ihm gelingt, jenen in seinen Bedürfnissen zu treffen. Diese Tatsache wird so weit verbreitet zur Unterdrückung der Mitmenschen missbraucht, dass wir das System schon gar nicht mehr erkennen vor lauter Gewöhnung. Um in diesem für unsere Gesundheit und damit für die Ausrichtung unserer Energien so grundlegend wichtigen Punkt das Bewusstsein zu schärfen, hat sich der Autor zu dem Doppelbegriff „Selbstbestimmung in Ebenbürtigkeit" entschlossen. Dieses erscheint auch deshalb statthaft, weil die Selbstbestimmung ohnehin als Voraussetzung die Erfüllung der anderen Grundbedürfnisse in sich einschließt.

Eltern sollte als wichtiger Leitfaden der Erziehung die naturge-wollte Förderung des Kindes zur Ausbildung aller seiner Stärken und Fähigkeiten zur späteren Lebensentfaltung in Selbstbe-stimmung und schließlich zur Ebenbürtigkeit auch mit den Eltern dienen. Die bereits angesprochene altersgemäße Abstimmung ist dabei erforderlich. Aber es sei einmal deutlich darauf hingewiesen, dass z. B. ein Verbot bei jedem Anlass ernsthaft wieder neu daraufhin geprüft werden sollte, ob das Kind nicht inzwischen einen Entwicklungsschritt geschafft hat, der ihm nun die entsprechende Eigenständigkeit erlaubt. Wer seine Kinder daran hindert, eigene Erfahrungen zu sammeln, eigene Urteile zu fällen usw., wer seinen Kindern Probleme löst (auch wenn es noch so gut gemeint ist), die sie selber lösen können und sollten, der nimmt einen schweren Eingriff in die Entwicklung des Kindes zum Erwachsenen vor, erzieht sie in letzter Konsequenz zum Scheitern im Leben. Die Kinder sollen und müssen lernen, Probleme zu erkennen und selber zu lösen. Als erwachsener Partner können wir hier und da auch mal auf bislang nicht bemerkte drohende Gefahren aufmerksam machen, evtl. sogar ab und an Wege zur Problemlösung aufzeigen. Die Entscheidung aber, welcher Weg wie begangen wird, die soll und muss der Nachwuchs sobald es seiner Entwicklung nach möglich ist, selber treffen können. (Diese Feststellungen gelten sinngemäß auch in allen anderen Arten von Partnerschaften.) Wer Kinder hat sollte sich auch bewusst sein, dass das Vorleben die wohl wichtigste Quelle der Kinder zum Lernen des Lebens ist. Wenn Eltern unter den Schwierigkeiten der Umstellung ihrer Kinder zum Erwachsenen leiden, sollten sie sich vor Augen führen, dass sie ihre früher geübte Unterdrückung ihrer Kinder heute in Form entsprechend starker Widerstände, Trotz und sogar Aggressionen eventuell mit Zinsen zurückerhalten. -

Druck erzeugt Gegendruck. Dieses auch hier gültige Naturgesetz kennen wir schon lange aus der Physik. - - -

Die Bewertung, ob alle Bedürfnisse erfüllt sind, erfolgt bekanntermaßen nur durch das Bewusstsein. Deshalb ist es kein Widerspruch, dass wir z. B. ohne wie auch immer gearteten zärtlichen Körperkontakt oder in Einsamkeit als Erwachsener zumindest zeitweise auskommen können, sofern wir uns selbstbestimmt dazu entschieden haben und fühlen uns deshalb auch völlig zufrieden. Es sind also Abstriche von der vollständigen Erfüllung aller Bedürfnisse möglich und wir fühlen uns dennoch auf dem richtigen Weg und zufrieden. Dieses ist schon deshalb logisch, weil Bedürfnisse und ihre darin vorgemerkten Energiepotentiale situationsabhängig wirken. Sie dienen schließlich einzig und allein der Lebenserhaltung und Lebensentfaltung.

6. Wechselwirkungen zwischen Bewusstsein und Unterbewusstsein

Auf die ausschließlich der Lebenserhaltung und Lebensentfaltung dienenden Grundbedürfnisse kann man sein gesamtes aus unbewussten Reaktionen stammendes Verhalten beziehen. Auch wenn es im ersten Augenblick etwas gewöhnungsbedürftig erscheint, so ist doch jede unbewusste Reaktion letztlich auf die Erfüllung eines dieser wenigen Grundbedürfnisse zurückführen und bei tiefergehender Betrachtung werden darüber sogar unsere bewussten Aktionen maßgeblich von ihnen beeinflusst. Das Unterbewusstsein wird vorrangig durch unser Erleben bestimmt und dabei auch durch im Bewusstsein gleichzeitig ablaufende Bewertungs- und Denkvorgänge.

6.1 Die Wirkung fehlerhafter Bewertungen

Die Bedürfnisse steuern unsere Reaktionen im Zusammenwirken mit der in früherer ähnlicher Situationen erfolgten Bewertung und dem Energiepotential der damaligen Gefühlsstärken. Daraus ergeben sich weitere Einsichten: Eine jede Bewertung kann nur aufgrund der bei uns vorhandenen Informationen über den zu bewertenden Sachverhalt erfolgen. Ist unser Informationsstand unzureichend oder gar falsch, sind demnach Fehlbewertungen zu erwarten. Dieses unzureichende Wissen - z. B. aufgrund fehlender Lebenserfahrung - ist ein ganz wesentlicher Punkt gerade im Kindesalter. So fragte einmal ein vierjähriges Mädchen aus gegebenem Anlass seine Mutter nach Regelblutungen. Die Mutter war zu diesem Zeitpunkt auf ein solches Gespräch nicht vorbereitet. Das Kind erfuhr, dass es später auch einmal die Regel bekommen würde. Es kannte bislang Blutungen nur im Zusammenhang mit Schmerzen. Demnach wertete es, dass Regelblutungen schmerzhaft sind, obwohl die Mutter das Gegenteil berichtete. - Der Arzt oder andere Menschen sagten doch auch häufig, dass etwas nicht weh tun würde, was danach dann doch schmerzte. - Drohender Schmerz weckt ein hohes Potential an Energie und so ist es kein Wunder: Dieses Kind litt später als Frau besonders stark unter Regelschmerzen. - Eine selbst gegebene Prophezeiung hatte sich über das bildhafte Vorstellungsvermögen sogar noch nach vielen Jahren aus sich selbst heraus erfüllt.

Führen wir uns dieses nebensächlich scheinende Beispiel in seiner ganzen Reichweite vor Augen, so müssen wir davon ausgehen, dass wir tagtäglich und schon seit unserer frühesten Kindheit gefährdet sind, durch fehlerhafte Bewertungen aufgrund gänzlich fehlendem oder unzureichendem Wissen Energiestärken für bestimmte Situationen vorzusehen, welche völlig unangemessen sind. Sie zeigen sich zum Beispiel in übersteigerten Reaktionen, welche anderen Menschen völlig unverständlich sind. Aber gerade diese Überreaktionen sind von dem betreffenden Menschen besonders gründlich anzugehen, wenn er eine Änderung wünscht, um sie völlig neu zu bewerten. In einem neurosophischen Seminar werden auch zu diesem für die Betroffenen meist recht heiklen Punkt besondere Informationen gegeben.

Jede Person hat ein zu anderen verschiedenes Erleben, unterschiedliche eigene Wertungen dessen und deshalb auch stets auf die Grundbedürfnisse anders verteilte Energiepotentiale. In Kombination mit unterschiedlichen angeborenen Eigenschaften, Fähigkeiten und Fertigkeiten ergeben sich die Unterschiede der Menschen. Wer aber die Verteilung seiner Energie innerhalb seiner Grundbedürfnisse kennt, hat einen ersten wesentlichen Schritt zur Erkennung des eigenen Ich's geleistet, dessen Bild sich mit der Kombination seiner sonstigen Eigenschaften, Fähigkeiten, Fertigkeiten, Stärken und Schwächen abrundet! Von nun an kann das eigene Leben ganz anders fest in beide Hände genommen werden!

6.2 Die Bedeutung unserer Einstellung für unser Verhalten

Stellen wir uns einmal vor, wir würden mit einem Freund in einer anderen Abteilung zusammenarbeiten. Passiert ihm ein Fehler, werden wir den Freund sicher auf eine ganz andere Art behandeln, als wenn der gleiche Vorfall einem Kollegen passieren würde, mit dem wir in einer Art Gegnerschaft stehen. Dem Freund würden wir wahrscheinlich sachbezogen helfen wollen, das Missgeschick zu beseitigen. Wir versuchen ausgleichend zu wirken. Der „Gegner" würde vermutlich einen direkten Angriff auf sein Bedürfnis nach Anerkennung von uns erwarten können. Dabei könnte negative Kritik die mildeste Form, öffentlicher Spott und damit verbundene Demütigung könnten schwerste Formen darstellen. - Hier ist wieder das Kernproblem unserer Gesellschaft zu erkennen: Wir verstoßen gegen das Naturgebot, in einem Konflikt konstruktiv den Ausgleich zu suchen, sondern verstärken den Konflikt noch durch einen persönlich herabsetzenden und damit unterdrückenden Angriff, der von nun an uns wiederum einen Angriff erwarten lassen muss. Welche der beiden Möglichkeiten dient wohl unserer Lebenserhaltung und Lebensentfaltung und welche dürfte sie beeinträchtigen? - - -

Aus diesem Beispiel soll gelernt werden, wie wichtig es ist, unsere Einstellung immer wieder neu zu überprüfen. Einstellung meint: Wie stelle ich mich zu einem Sachverhalt, zu einer Person? Die Einstellung ist das Ergebnis einer Bewertung, welche zukünftige unbewusste Reaktionen und auch bewusste Bewertungen mit ihren dann folgenden Aktionen entscheidend beeinflusst.

Eine negative Einstellung zu einem Menschen ist immer eine zerstörerische. Schild und Speer würde ich als symbolhafte Darstellung für eine negative Einstellung wählen: Der Speer ist dazu geschaffen, zu töten oder mindestens zu verletzen. Wenn ich aber den Speer gegen einen anderen Menschen aufnehme, dann weiß ich - oder verdränge ich es? -, dass auch ich verletzt oder gar getötet werden kann. Also muss ich mich mit einem Schild schützen.

Eine zerstörerische Einstellung verstößt immer gegen das Urgesetz jeden Lebens und auch barbarisch gegen den Sinn eines jeden Lebens. -

Niemand spreche mehr von einer hoch stehenden Kultur im Zusammenhang mit dieser Gesellschaft gegenseitiger Unterdrückung und Menschenverachtung durch die stillschweigende Hinnahme vielfältigsten menschlichen Leides nur zum persönlichen Vorteil!

Die grundlegende Ursache ist unsere zerstörerisch herabsetzende Einstellung zu unseren Mitmenschen. Nur wenn ich dem gleichen Menschen statt dessen meine positive Einstellung darbringe, ihm meine helfende Hand - symbolhaft z. B dem Durstigen eine Schale Wasser - reiche, nur dann erfülle ich das Urgesetz des Lebens, den Sinn jeden Lebens, evtl. auch einen Teil der Bestimmung meines Lebens.

Wenn es in einer Partnerschaft kriselt, ist die Überprüfung der eigenen Einstellung dringend erforderlich. Denn erfahrungsgemäß hat sich bis zu diesem Zeitpunkt eine Gegnerschaft aufgebaut, auch wenn es anfangs keiner der beiden Partner auf Anhieb so bezeichnen würde. Indem aber beide sich immer häufiger angreifen und gegenseitig zu verletzen und somit zu unterdrücken trachten, haben sie ihre Einstellung vom Miteinander und Füreinander zum Gegeneinander geändert. Der erste wichtige Schritt zu einem neuen (= alten) partnerschaftlichen Verhältnis ist, sich dessen bewusst zu werden und dass BEIDE Partner ihre Einstellung zum Miteinander und Füreinander wandeln. Wenn beide von nun an vorrangig bei sich selber (!) darauf achten, welches Denken und Verhalten Gegnerschaft verrät und es sofort korrigieren, dann leben sie nach den Naturgesetzen und in gegenseitig wohltuender Partnerschaft. Dieses gilt für alle Arten von Partnerschaften. In unserer Gesellschaftsordnung würde sich das Streben nach Miteinander und Füreinander durch nur einen Partner überwiegend zu seinem Schaden entwickeln, wenn der zweite Partner nicht ebenfalls dazu gewonnen werden kann. Allerdings ist eine eigene positive Einstellung zu bislang sich negativ eingestellt zeigenden Partnern schon oft nach einer gewissen Zeit der Auslöser für dessen Sinneswandel zum Positiven gewesen nach dem Motto: Steter Tropfen höhlt den Stein.

Wollen Sie tatsächlich Ihr Leben weiterhin mit vielfältigen Zerstörungen ausfüllen? Wollen Sie weiterhin gegen die Naturgesetze leben und damit die vielfältigen Verletzungen ihrer Bedürfnisse dadurch selber provozieren, ohne dass Sie sich dieser Wirkung in ihrer vollen Bedeutung bislang überhaupt bewusst waren? Oder wollen Sie statt dessen lieber alles unternehmen, um Leid von sich und anderen abzuwenden, sie zu unterstützen, damit auch Sie unterstützt werden?

Meditieren Sie doch einmal über folgende Tatsache (Tatsache, nicht Behauptung oder gar nur Vermutung!):

Meine negative Einstellung zum Partner zeigt mir meine eigene Schwäche.

6.3 Störende Energiepotentiale in nützliche wandeln

Unser Erleben prägt unser Unterbewusstsein. Das Unterbewusstsein gestaltet über die unbewussten Reaktionen und über die damit sich zeigenden Energiepotentiale unser Verhalten.

Das Ungleichgewicht der Potentiale zeigt die Verletzungen unserer Bedürfnisse, unseren Mangel an Bedürfnisbefriedigungen an, welche das Unterbewusstsein auszugleichen trachtet. Daraus erklären sich uns unsere Überreaktionen. Es ist in der Neurosophie unwichtig, welches Erlebnis ursprünglich einmal dieses Ungleichgewicht auslöste. Entscheidend ist, die Ungleichgewichte an sich über eine Anzahl gleichartiger Erlebnisse und Reaktionen zu erkennen. Dieses Erkennen ist in einem neurosophischen Seminar durch systematische Erfassung eigenen Erlebens und ihrer systematischen Auswertungen möglich. Wenn eine Person nun aufgrund solcher Auswertungen z. B. feststellt, dass sie unter unzureichender Erfüllung des Bedürfnisses nach Anerkennung am stärksten leidet, kann geschlossen werden, dass die stärkste Kraft für das eigene Handeln generell aus diesem Bedürfnis gezogen werden kann.

Daneben wissen wir inzwischen, dass Selbstbestimmung in Ebenbürtigkeit das Ziel ist, welches schließlich das Erwachsensein, die persönliche Reife darstellt. Haben wir diese Selbstbestimmung erreicht, können wir sogar auf das Streben nach Erfüllung von Lebenserhaltung, Körperkontakt, Gruppenzugehörigkeit, gegenseitigem Verstehen, Anerkennung und Sicherheit durch Partner ganz, teilweise oder zeitweise verzichten. Wir können sie loslassen wie wir einen Menschen loslassen und weitergehen, weil wir eigenständig sind und genau das haben oder uns holen, was wir gerade brauchen. Wir sind nicht mehr auf einen bestimmten Partner angewiesen. Deshalb kann es dann gegenüber Partnern theoretisch auch nicht mehr zu Fehlverhalten aufgrund unbewusster Reaktionen kommen. Dieses stellt natürlich ein Ideal dar, das real eben aufgrund bislang vielfältig Angst erzeugenden Erlebens nur unvollständig erreicht wird.

Hier drängt sich die Überlegung auf, bewusst und ohne jeden Umweg sofort weitgehend auf die Bedürfniserfüllungen durch Partner einfach zu verzichten. Dabei wird jedoch übersehen, dass wir die ungleichmäßig verteilten Energiepotentiale weiterhin in uns tragen und dass das Unterbewusstsein immer stärker ist, als das denkende Bewusstsein. Solch ein Vorgehen würde unweigerlich in die Enttäuschung (Ent-Täuschung, ich hatte mich bislang selber getäuscht!) führen, weil die Hauptantriebskraft des/der am stärksten in uns verletzten Bedürfnisse(s) weiter in uns wirkt. - Und das Unterbewusstsein ist immer stärker als das Bewusstsein!

Die Neurosophie geht hier einen anderen Weg: Wenn wir nun schon einmal erkennen, welches unsere stärksten Kräfte birgt, warum sie dann nicht auch nutzen? Schematisch gesagt: Wir sollten unser Handeln bewusst und zielstrebig so ausrichten, dass wir möglichst oft genau das bislang am intensivsten unzureichend erfüllte Bedürfnis damit befriedigen! Der Gedemütigte und Unterdrückte (der z. B. sein Bedürfnis nach Anerkennung bislang unter anderem dadurch befriedigte, dass er bei jeder sich bietenden Gelegenheit mit Lügenmärchen angab wie ein Urwald voller Affen, oder andere hinterhältig schädigte, oder ...) sollte systematisch Möglichkeiten suchen und finden, in Übereinstimmung mit den Lebensgesetzen Anerkennung zu bekommen und - das ist wichtig - sie danach in jedem Einzelfall auch bewusst genießen. Dabei ist klar, dass man nicht den ganzen Tag lang nur Tätigkeiten zur Verfügung hat, die andauernd auch sofort anschließend Anerkennung oder Erfüllung eines der anderen Bedürfnisse einbringen. Aber man kann seine Aufmerksamkeit gezielt darauf richten, sich immer wieder entsprechende Bedürfniserfüllung zu verschaffen, sie sofort bewusst genießen und sich so im Laufe des Tages praktisch von Freude zu Freude hangeln. Dabei ist es dem Einzelnen hilfreich, sich selber die Anerkennung zu bestätigen, indem er sich seine Erfolge bewusst vor Augen führt und sie genießt.

Bleiben wir in dem Beispiel Anerkennung, so kann dieses Bedürfnis sowohl beruflich wie privat erfüllt werden, wichtig ist nur, überhaupt eine Möglichkeit zu finden und zu nutzen. Der für besonderen Einsatz belobigte Feuerwehrmann, die Organisatorin des Gartenfestes, der Redner in der Bütt, die Schriftführerin im Taubenzüchterverein, die Anerkennung einer mühevoll erstellten besonderen Mahlzeit, eines kunstvoll ausgeführten Bastelhobbys, einer Stickerei, eines Kunsthandwerks, des Aufräumens des Kellers, sie alle sind unendlich fortzuführende Beispiele für die Möglichkeit, die eigenen Stärken privat auszuschöpfen und dafür Anerkennung zu erhalten. Ideal ist ein Beruf, in dem die persönlichen Stärken zum Erhalt der persönlichen Bedürfnisbefriedigung entscheidend beitragen. Die Erfolgreichsten in ihrem Beruf sind meistens die, welche persönliche Stärken mit der Erfüllung des bislang am wenigsten erfüllten Bedürfnisses vereinen. (Es gibt auch andere Ursachen für Erfolg, manchmal sind diese neben dem Können nicht anders als mit dem Begriff Zufall oder Glück zu umschreiben, wie das Beispiel Bill Gates zeigt.)

Wer ein früher stark verletztes Bedürfnis nun systematisch und regelmäßig im Sinne der Lebensgesetze privat oder beruflich oder gar in beiden erfüllt, baut dessen Energiepotential ab und verschafft sich nebenbei auch noch viel Freude, ist also auf dem richtigen Weg. Dieses trägt dazu bei, das Energiepotential für bisherige Fehlreaktionen zu mindern. Daneben - und in der Neurosophie stets nur als Ergänzung angewandt - gibt es Möglichkeiten, Fehlverhalten (wie z. B. das oben erwähnte Angeben) im Unterbewusstsein energetisch aufzulösen (es steckt oft eine Fehlbewertung dahinter) und durch gut durchdachtes neues Verhalten auch als unbewusste Reaktion im Laufe größerer Zeiträume zu ersetzen, ohne gegen das Unterbewusstsein von vornherein aussichtslos anzukämpfen. Das Wie soll nicht Gegenstand dieser Einführung sein, sondern ist einem neurosophischen Seminar vorbehalten. Nur so viel dazu: Es begründet sich auf der Tatsache, dass Verhalten gelernt wird und deshalb auch wieder verlernt und durch neu gelerntes systematisch ersetzt werden kann.

Wer auf die vorstehend geschilderte Weise seine Energie-überschüsse auf einem Grundbedürfnis abbaut, sollte auch das nächste ihn stark belastende Bedürfnis kennen, um nicht bald wieder in eine neue Verstrickung mit einem lange unerfüllten Bedürfnis zu geraten. Ansonsten wäre das System unvollendetes Flickwerk. -

7. Der neurosophische Weg zum inneren Gleichgewicht

Wir wissen nun, dass wir erst dann erwachsen sind, wenn wir selbstbestimmt und in Ebenbürtigkeit mit unseren Partnern und sonstigen Mitmenschen leben können. Eine wichtige Voraussetzung für Selbstbestimmung in Ebenbürtigkeit ist, dass wir innere Abhängigkeiten der Bedürfniserfüllung durch bestimmte Menschen, ursprünglich normalerweise die Eltern, abgelegt haben.

Erinnern Sie sich noch an Ihren ersten Liebeskummer? Hier zeigt sich in dramatischer Form, wie stark wir uns aufgrund einer persönlichen Einstellung in eine innerliche Abhängigkeit begeben können, weil uns unser Unterbewusstsein signalisiert (aufgrund welcher unbewussten Beobachtungen und damit verbundenen früheren Wertungen auch immer), dass dieser bestimmte Partner verspricht, die uns wichtigen Bedürfnisse besonders gut erfüllen zu können. Die Rückschau zeigt nun aber deutlich, dass wir von diesem einen Menschen in Wirklichkeit gar nicht abhängig waren und sind! -

Doch wer in unserer Gesellschaft ist innerlich so gefestigt und selbstbestimmt (also überhaupt erwachsen!), dass er umfassende innere Unabhängigkeit besitzt? Abhängig sind wir vorzugsweise immer dann, wenn ein bestimmtes Bedürfnis besonders hoch energetisch aufgeladen ist, weil es in der Vergangenheit besonders stark verletzt bzw. bedrohlich oft unerfüllt geblieben ist und wir unsere innere Einstellung zur Bedürfniserfüllung als unbewusste Reaktion kompromisslos auf ausgewählt Personen (siehe Liebeskummer) und/oder Situationen (beruflicher Erfolg?) ausgerichtet haben. Eine ungleichmäßige Energieverteilung auf unsere verschiedenen Grundbedürfnisse deutet stets auf ein inneres Ungleichgewicht hin. Diesem Ungleichgewicht „verdanken" wir unsere vielfältigen „Macken", die jeder Mensch mehr oder weniger ausgeprägt mit sich trägt. Wollen wir unser inneres Gleichgewicht erlangen, bietet die Neurosophie einen Weg an, der auf folgenden Schritten beruht:

> Theoretische Erkenntnis der Ursachen der energetischen Ungleichverteilung auf unsere Grundbedürfnisse
> (wie in Grundzügen in dieser Einführung beschrieben).

Systematische Selbsterkenntnis der auf unseren Grundbedürfnissen befindlichen Energiepotentiale.

Systematische Erfassung unserer Stärken und Schwächen.

Systematische Suche und bewusste Festlegung unserer
Zielrichtung aufgrund der uns eigenen Kombination
besonderer Stärken und Energiepotentiale.

Umsetzung der eigenen Ziele in die Praxis des Lebens und
deshalb systematischer Ausgleich unserer Energiepotentiale bei bewusster und genießender Nutzung unserer
besonderen Stärken und Energien im Sinne der Lebensgesetze.

Geistige Vorbereitung der Abwehr zukünftiger Bedrohungen unseres inneren Gleichgewichts und deren praktische
Umsetzung im Leben.

Die Systematik wird in einem Neurosophischen Seminar mit nur
wenig Zeitaufwand gelehrt und mit der Hilfe vorbereiteter Fragen
durch die Teilnehmer sofort erstmalig angewandt. Dabei fällt auf,
dass diese Seminare nur einen sehr geringen zeitlichen Anteil an
Vorträgen aufweisen. Der weitaus überwiegende Teil des Seminars
besteht aus intensiver Arbeit am ICH in der Stille des eigenen
Hotelzimmers. Das Neurosophische Seminar ist also nur zu einem
geringen Teil ein Lernseminar, sondern vorrangig ein
Arbeitsseminar mit sofortigen konkreten Ergebnissen für jeden
einzelnen Teilnehmer. Dabei durchläuft diese Arbeitswoche
anfangs eine Phase der allgemein mehr oder minder gedrückten
Stimmung, schlägt danach aber bald um in eine nur als euphorisch
zu bezeichnende Begeisterung für die vielfältigen neu entdeckten
eigenen Möglichkeiten und Chancen. Es ist dann erfahrungsgemäß
Aufgabe der Seminarleitung, diese überschäumend zur Erfüllung
drängenden positiven Energien auf den Boden der Realität
zurückzuholen, zu gute Stimmung etwas zu dämpfen.

7.1 Die Ursachen der ungleichen Energieverteilung

Jede Wirkung hat eine Ursache. Also muss jede Ungleichverteilung
der Energie auf unsere Grundbedürfnisse ebenfalls eine Ursache
haben, die wir im Prinzip bereits kennen: Bestimmte Bedürfnisse

wurden - laut unserer eigenen Wertung! - in der Vergangenheit besonders stark verletzt, bzw. sind uns bedrohlich (= die eigene Lebenserhaltung oder Lebensentfaltung bedrohend) oft unerfüllt geblieben. Andere Bedürfnisse wurden uns - laut unserer eigenen Wertung! - dagegen anscheinend in ausreichendem Umfang erfüllt, so dass wir darauf keine besonderen Ansammlungen von Energiepotentialen erkennen können. Die Verletzungen unserer Bedürfnisse beginnen in frühester Kindheit und setzen sich bis heute fort. Betrachten wir dazu wieder beispielhaft unsere Lebenserfahrungen, beginnend als Säugling:

Zwischen diesem und seiner Mutter gibt es eine Kommunikation bezüglich seiner Bedürfnisse. Die erfahrene Mutter kann z. B. mit hoher Treffsicherheit sagen, ob das leise Knören des Säuglings - neben anderen Möglichkeiten - auf eine schmutzige Windel, beginnenden Hunger oder Müdigkeit, auf den Wunsch nach Kontakt zur Mutter oder auf ein körperliches Unwohlsein oder gar nur auf die Freude am Hören der eigenen Stimme hindeutet. Reagiert die Mutter auf das Bedürfnis des Kindes, ist alles in Ordnung. Reagiert die Mutter aber falsch oder gar überhaupt nicht, wird der Säugling erfahrungsgemäß sein Bedürfnis stärker anmelden, indem er die Lautstärke anhebt. Reagiert die Mutter nun richtig, ist kein Schaden entstanden. Falls aber die Mutter gar nicht reagiert und das Kind z. B. nach langem Schreien erschöpft einschläft, liegt sicher eine Bedürfnisverletzung aufgrund einer Unterdrückung des kindlichen Bedürfnisses durch die Mutter vor. Wird diese oft oder gar stetig wiederholt, kann es zu Energieansammlungen kommen, die über das normale Maß hinausgehen und es liegt nun ein Ungleichgewicht vor. In diesem Zusammenhang sollte man genau beobachten:

Ein unverhältnismäßig großer Anteil von Bedürfnisverletzungen der Kinder erfolgt, weil die Mutter selber natürlich auch Bedürfnisse hat und diese sich aber vorrangig vor ihrem Kind erfüllt. So will oder kann sie oft gar nicht sofort füttern, wickeln usw., weil sie z. B. eine Arbeit beenden will, der Brei erst angewärmt werden soll oder aus anderen Gründen mehr. Wie oft findet solch eine Unterdrückung auch aus reiner Bequemlichkeit statt („Lass mich in Ruhe!")? Sie stellt eine Geringschätzung des Kindes dar, zeigt die herabsetzend unebenbürtige Einstellung zum Kind und ist in vielen Fällen purer Machtmissbrauch des Stärkeren. - So werden Bedürfnisse des Kindes von der Mutter und auch vom Vater immer wieder unterdrückt.

Diese vielfältig verursachten Unterdrückungen von Bedürfnissen setzen sich im gesamten Leben fort und sind auch ein Teil unserer Erziehung nach gesellschaftlichen Regeln. Denn auch diese verlangen vielfältige Bedürfnisunterdrückungen! - Dazu ist die eigene Beantwortung der Frage wichtig, zu wessen Vorteil und zu welcher Art Vorteil diese Regeln geschaffen wurden! -

Gegessen wird nicht nach einem natürlichen Hungersignal, sondern zu festgelegten Zeiten und „möglichst" auch noch in fremdbestimmter Menge. In unserer Kultur wird der Körperkontakt zwischen Mutter und Tochter recht lange gepflegt, während mit Jungen längst nicht so oft und lange geschmust und gestreichelt wird. Wird der Junge gar mit fortschreitendem aber immerhin noch kindlichem Alter daneben auch noch zurückgewiesen, findet eine Bedürfnisverletzung statt, die im weiteren Verlauf eine Bedürfnisunterdrückung darstellt. Kennt man den Bogen vom kindlichen Körperkontakt zur Sexualität der Erwachsenen, beginnt man die vielfältig möglichen Auswirkungen auf den Erwachsenen zu ahnen.

Schon in der Kindheit sind wir manchen uns interessanten Menschen gleichgültig. Sie erfüllen uns demnach unser Grundbedürfnis nach Gruppenzugehörigkeit nicht. Gerade Kindern wird häufig aus lauter Bequemlichkeit und Selbstsucht nicht zugehört. Also können wir sie auch nicht verstehen und verletzen so das starke Grundbedürfnis nach gegenseitigem Verstehen. In unserem erlernten System der gegenseitigen Herabsetzung und persönlichen Unterdrückung wie auch der Unterdrückung unserer Bedürfnisse, steht die Verletzung der Anerkennung und Achtung mit an vorderster Stelle der laut Lebensgesetzen dringend zu ändernden Verhaltensweisen.

Besonders starke Unterdrückungen von Bedürfnissen gehen von gesellschaftlich oder moralisch begründeten Regeln aus, die uns anerzogen werden. Es sei damit jedoch nicht gesagt, dass nunmehr jede Erziehung zu unterbleiben habe, jede Moral verwerflich sei usw., sondern es soll lediglich deutlich dargestellt werden, wie vielfältig die möglichen Formen von Unterdrückungen sein können. Mitentscheidend für eine mögliche Energie-ansammlung auf unserem aktuellen Bedürfnis ist dabei unsere persönliche Wertung. Erkennen wir einen moralischen Aspekt und damit meistens ein gleichzeitig existierendes Bedürfnis bei einem Partner an, werten wir die Nichterfüllung eines damit zusammenhängenden eigenen Bedürfnisses nicht als Unterdrückung durch Dritte, sondern als persönlich erbrachte Leistung. - Dazu sind aber eine gewisse geistige Reife und Urteilsfähigkeit nötig. Das erklärt auch, warum Kinder erst ab einem bestimmten Reifestadium z. B. in der Lage sind, freiwillig und gern zu verzichten.

In der Erziehung wird in unserem Kulturkreis das Erfüllen von bestimmten Bedürfnissen oft als „Lohn" für eine vom Kind zu erbringende Leistung missbraucht. Erbringt es die gewünschte Leistung nicht, verweigern wir „zur Strafe" die Erfüllung bestimmter Bedürfnisse und unterdrücken damit seine Bedürfniserfüllung, verletzen gar Bedürfnisse, teils sogar handgreiflich. Hausarrest, Schläge, Verweigerung einer Mahlzeit und unzählig viele andere Beispiele wären dafür zu nennen. Eingeforderte, also nicht aus einem eigenen Bedürfnis heraus entstandene Leistung entsteht aber nur, indem der Leistende ein widerstreitendes eigenes Bedürfnis selber unterdrückt! - Wer sich also mehr oder weniger regelmäßig wiederkehrend zu Leistungen drücken lässt, die er selber eigentlich gar nicht erbringen will, wird nicht nur vom Partner geschädigt, sondern verstärkt die Schädigung in dem Augenblick selber, in dem er vorsätzlich gegen seine eigenen Bedürfnisse handelt. Welche Wirkung hat demnach eine die persönlichen Bedürfnisse missachtende Leistungs-gesellschaft - z. B auch in der Schule - auf den Einzelnen?

Die vorsätzliche Missachtung der Bedürfnisse eines anderen Menschen zum eigenen Vorteil ist eine Missachtung seiner Selbstbestimmung und Ebenbürtigkeit. Wir sollten uns endlich einmal bewusst werden, dass dieses System der mehr oder weniger geglückten gegenseitigen Unterdrückungen eine unglaub-liche und insbesondere durch nichts zu rechtfertigende Selbstüberheblichkeit und demzufolge eine unfassbare Menschenverachtung ausdrückt! - Wollen wir so sein? Wollen wir selber so behandelt werden? Entspricht dieses den Lebensge-setzen, insbesondere unserer Lebensbestimmung?

Schon in frühester Kindheit lernen wir zu reinem Eigennutz ein System der gegenseitigen Unterdrückung von Bedürfnissen und in direkter Folge auch der persönlichen Unterdrückung von Mitmenschen. Diese Unterdrückungen beginnen zwischen Eltern und Kind, setzen sich fort in Partnerschaft und Familie, in externen Partnerschaften, wie z. B. in der Schule und im Beruf, sind in

Wirtschaft, Verwaltung, Politik und Staat und sogar in Religionsgemeinschaften zu beobachten, reichen bis zur Unterdrückung ganzer Völker und zur Leibeigenschaft und Sklaverei und heute zur Versklavung durch das Geld. Doch selbst nicht gewünschte aber fremd erzwungene Leistung macht den Einzelnen kaputt. Das gilt nicht nur im Beruf, an den wir bei diesen Worten sicher zuerst dachten, sondern auch für jede andere Partnerschaft.

Wir ahnten und beobachteten es schon lange, dass die gegenseitige Unterdrückung unserer Bedürfnisse letztlich als zentrale Ursache unendliches Leid in allen Arten von Partnerschaften in der Familie, im Bekannten- und Freundeskreis, im Beruf und sogar bis zu den Völkern untereinander nach sich zieht: Die Unterdrückung von Bedürfnissen durch uns selber und durch Mitmenschen ist die Kernursache ungleichmäßiger Energieverteilungen und damit eines im Einzelfall unausgeglichen übersteigerten Verhaltens, das uns aber letztlich selber schädigt, ohne dass wir uns der von uns selber geschaffenen Ursachen immer bewusst sind! -

Wichtige Klarstellung: Nicht jedes in einer Situation unerfülltes Bedürfnis schädigt uns. Denn die Natur hat die Bedürfnisse aus gutem Grund eingerichtet: Sie dienen der Lebenserhaltung und Lebensentfaltung und zeigen uns über negative Gefühle, dass wir auf einem falschen Weg sind. Aber wir können durchaus einmal für kurze Zeit sogar Hunger zulassen, weil uns zum Beispiel gerade in diesem Augenblick der Abschluss einer uns besonders am Herzen liegenden künstlerischen Arbeit wichtiger ist. An diesem Beispiel wird deutlich: Entscheidend ist, wie wir in der Situation werten, wie unsere Einstellung ist und dass wir aufgrund dessen selbstbestimmt und in Ebenbürtigkeit handeln. Dieser Satz birgt den Schlüssel, Schäden durch Bedürfnisverletzungen von Mitmenschen zukünftig abwenden und frühere Schäden ausgleichen zu können.

7.2 Zur Erkenntnis unserer Energiepotentiale

Für die Erkenntnis der Ursachen der Energieverteilungen ausschlaggebend ist demnach, dass wir erkennen, welche unserer Bedürfnisse in der Vergangenheit auf eine bedrohliche Art unerfüllt blieben oder gar verletzt wurden, welche Wiederholungen es eventuell gab und warum wir so und nicht anders werteten. Die gezielt verursachte Bewusstheit der alten derzeit im Unterbewusstsein verankerten Wertungen eröffnet uns die Möglichkeit zu kontrollieren, ob wir evtl. aus unserer heutigen Lebenserfahrung und mit heutigem Wissen zu einer anderen Wertung kommen können oder kommen sollten.

Es ist im Normalfall gar nicht nötig, alle grundlegenden negativen Erlebnisse zu erinnern, wie es z. B. eine Psychoanalyse versucht. Vielmehr reicht eine repräsentative Anzahl beliebiger Erlebnisse aus verschiedenen Lebensbereichen für die Darstellung der in uns wirkenden Potentiale völlig aus. Diese Erinnerungen werden in einem Neurosophischen Seminar durch ausgewählte Fragen wachgerufen. Sie beinhalten positive wie negative Erlebnisse. Denn es deuten die Gefühlsstärken in Situationen der Freude (über eine Bedürfniserfüllung) ebenfalls auf negative Energiepotentiale! Denken Sie einmal daran, wer sich wohl mehr über ein kleines Geldgeschenk freut, der Millionär oder der Arme. Die Antwort ist klar und zeigt uns, wie die Freude den Mangel nachweist. In den Neurosophischen Seminaren wird systematisch nach den Energiepotentialen und ihrer Verteilung gesucht. Dabei ist das Einzelerlebnis nur als Bestandteil einer Summe und als Informationsträger von uns daraus bewusst werdenden Energiepotentialen von Interesse. Über die Einsicht in die uns persönlich eigene Verteilung von Energiepotentialen auf die Grundbedürfnisse, können wir gewissermaßen messen, welche am stärksten verletzt wurden und deshalb am stärksten nach Erfüllung drängen.

Dieses bedeutet, dass auch sehr starke und inzwischen zur scheinbaren Erinnerungslosigkeit verdrängte Ereignisse (krasses Beispiel: Misshandlung in früher Kindheit) auf dem Umweg über das Energiepotential späterer erinnerbarer Erlebnisse deutlich wird. Durch dieses methodische Vorgehen und weil man nicht auf die Erinnerung verdrängter und somit nur mit hohem zeitlichen Aufwand erinnerbarer Erlebnisse angewiesen ist, führt die neurosophische Selbstanalyse so ungeahnt schnell zu sofort verwertbaren Ergebnissen.

Es gibt aber noch einen wesentlichen Vorteil bei diesem Vorgehen: Wer nur einfach im Sumpf seiner negativen Erinnerungen wühlt, kommt ohne gute Führung unweigerlich zu dem Punkt, dass er die Verursacher - also meistens die Eltern oder ein Elternteil - mit

Schuldzuweisungen und dann in der Folge mit Hass überhäuft. Zeigt der Lebenspartner gewisse Ähnlichkeiten in jenem z. B. elterlichen Verhalten, was mehr oder weniger die Regel zu sein scheint, dann wird diese Wut anfangs oft als rein unbewusste Reaktion ohne Unterscheidung auch auf den Partner übertragen. Erfolgt die Selbstanalyse aber auf neurosophischem Weg, wird in einem entsprechend geführten Seminar klar und deutlich erkannt und herausgestellt, dass wir und genauso auch unsere Eltern und die sonstigen Mitmenschen gewissermaßen an Marionettenfäden hängen, welche in der Masse unserer Handlungen durch unsere von Energiepotentialen gesteuerten unbewussten Reaktionen und nur zu einem verschwindend kleinen Anteil (10 bis 15 %) von bewusst durchdachten Aktionen bewegt werden. Es ist deshalb für den Einzelnen wenig hilfreich, Partner mit Schuldzuweisungen einzudecken, weil diese „Zwänge" einfach als gegeben hinzunehmen sind. Und die Vergangenheit kann auch nicht rückgängig gemacht werden. Sollten den Einzelnen aber dennoch die Wutgefühle auf einen Partner der Vergangenheit übermannen, erhält er in einem neurosophisch geführten Seminar eine Anleitung, in kürzester Zeit auch diese Energien in nicht schädigender Art und Weise zu kanalisieren.

Aber es ist hilfreich, die Marionettenfäden bei sich selbst und seinen Partnern zu erkennen und auf diesem Wege auch uns abträgliche Verhaltensweisen verstehen zu lernen. Dieses Verstehen hilft uns in der Zukunft, die daraus deutlich werdenden Bedürfnisse bei ihnen und bei uns selber samt ihren Energiepotentialen zu verstehen und unser Abwehrverhalten, aber auch unser eigenes von uns gewünschtes neues Verhalten für die Zukunft zu organisieren. So wird aus Verletzungen in der Vergangenheit schließlich noch ein Gewinn für die Zukunft. -

Aufgrund der eingangs geschilderten Gefahren sollten die hier und nachstehend geschilderten Selbstanalysen nur unter fachkundiger Begleitung in einem Neurosophischen Seminar durchgeführt werden. Bei Interesse fordern Sie kostenlos und unverbindlich Informationen über die nächsten Seminare an unter der Internet-Adresse:

www.neurosophie.de

7.3 Systematische Suche der Zielrichtung optimaler Lebensentfaltung

Als sehr praxisorientiert und anfangs scheinbar ohne Zusammenhang zum bisher auf das Unterbewusstsein ausgerichtete Vorgehen wird in den Seminaren der nun folgende Schritt empfunden: Mit Hilfe ausgewählter Fragen erfolgt eine systematische Suche in vielen Lebensbereichen nach besonderen persönlichen Stärken und Schwächen. Doch auch dieser Schritt folgt nur schlicht den Lebensgesetzen, hier besonders der als eine unserer Hauptaufgaben erkannten Suche nach der natürlichen Bestimmung des eigenen Lebens. Die Bestimmung jeden Lebens ist wie folgt definiert:

> Seine ausgleichende Bestimmung erfüllt das Leben, wenn es die nur ihm eigenen Stärken und Schwächen innerhalb der von ihm nicht veränderbaren Grenzen möglichst vollständig und zu gegenseitigem Nutzen genau der Umwelt darbringt, welche ihrerseits ihm bestmögliche Erhaltung und Entfaltung ermöglicht.

Und genau diesem Naturgesetz folgt das Neurosophische Seminar bei der Suche nach der eigenen Zielrichtung optimaler Lebensentfaltung. Es werden die Ergebnisse der Selbstanalysen gezielt geordnet und ausgewertet. Die Neurosophie stellt dabei - abweichend zu vielen sogenannten Erfolgsmethoden - die persönliche Verteilung der Energiepotentiale auf die Grundbedürfnisse im Such- und Planungsprozess in den Vordergrund. So wird eine grundlegende Einsicht genutzt und umgesetzt: Dort, wo das größte Energiepotential in mir wirkt, sind die stärksten mich treibenden Kräfte am Werk. Wenn es mir gelingt, meine persönlichen Stärken, Kenntnisse, Fähigkeiten und Fertigkeiten entsprechend der Bestimmung jeden Lebens genau so innerhalb der von mir nicht veränderbaren Grenzen möglichst vollständig und zu gegenseitigem Nutzen genau der Umwelt darzubringen, welche ihrerseits mir bestmögliche Erhaltung und Entfaltung ermöglicht und ich dabei größtmögliche Erfüllung des in mir am stärksten unerfüllten oder verletzten Bedürfnisses erlange, dann - und nur dann - erziele ich größtmögliche Lebensentfaltung mit größtmöglichem Schwung bei größtmöglicher Zufriedenheit, weil meine stärksten Energien mit meinen ausgeprägtesten persönlichen Stärken ausdrücklich zum Nutzen meiner Mitmenschen und gleichzeitig zum eigenen Nutzen zusammenwirken!

So erklärt sich zum Beispiel, weshalb manche Menschen innerhalb eines leidenschaftlich geliebten Hobbys zu größten Anstrengungen und Leistungen fähig sind und sich dabei erholen, statt zu ermüden. Wer dagegen nur seine Stärken optimal nutzt, aber gegen seine Bedürfnisse arbeitet, muss stetig gegen sich selber kämpfen und deshalb ermüden und auf Dauer seinem eigenen Unterbewusstsein unterliegen. Wer aber seine Stärken nicht oder kaum einsetzt und nur versucht seine eigenen Bedürfnisse zu befriedigen, scheitert an seiner Umwelt, die sich von ihm, wie auch immer geartet, abwendet. - Danach ist dann in der Regel die bislang praktizierte Art der Bedürfnisbefriedigung nicht mehr möglich.

Durch die systematisch von uns selber verursachte bewusste und genießende Nutzung unserer besonderen Stärken und Energiepotentiale im Sinne der Lebensgesetze erzielen wir nicht nur unsere bedeutendsten Leistungen und Erfolge, sondern es geschieht noch etwas anderes mit uns: Je öfter wir ein unerfülltes oder verletztes Bedürfnis erfüllen, desto mehr entladen wir die darauf befindlichen Energiepotentiale. Physikalisch in unserem Energiemodell erklärt: Mit jeder positiven Ladungseinheit neutralisieren wir einen Teil der vorhandenen negativen Ladungen. So wirkt letztlich das unserer Bestimmung gemäße Leben auf uns ausgleichend. Das bedeutet, dass wir ohne große Anstrengungen unsere Macken ablegen können; denn wer zum Beispiel die unerfüllte Anerkennung früher durch Angeberei ausgleichen „musste", erhält nun sein Bedürfnis über sein bestimmungsgemäßes Leben erfüllt und ist deshalb gar nicht mehr darauf angewiesen, sich zusätzliche Anerkennung durch das alte negative Verhalten zu verschaffen. Allerdings müssen wir uns unserer „Macken" bewusst sein - was durch die neurosophische Selbstanalyse systematisch gefördert wird - um dann mit weiterem bewussten Handeln das alte Verhalten gegen ein besseres neues zu tauschen.

Verhalten wird gelernt. Was ich gelernt habe, kann ich auch wieder verlernen und ich kann Neues und Besseres dazulernen! - Wie Verhalten im Einklang mit dem Unterbewusstsein geändert werden kann, ist ebenfalls ein Teil der umfassenden Wissensvermittlung in einem Neurosophischen Seminar.

7.4 Umsetzung der eigenen Ziele in die Praxis des Lebens

Ehe wir so weit sind, dass wir unsere Energiepotentiale systematisch ausgleichen und unser Verhalten in der Folge ändern können, müssen wir zuerst einmal in die Lage versetzt werden, all die schönen Ziele, die wir uns bei der Suche nach der Bestimmung und optimalen Zielrichtung unseres Lebens entwickelt haben, nun auch in die Praxis unseres Lebens umzusetzen.

Das neurosophische Seminar lehrt deshalb ein einfaches und bewährtes Verfahren der Problemlösung gewissermaßen als Handwerkzeug, mit dem tatsächlich jedes Problem kreativ planend angepackt werden kann. Probleme sind Ungleichgewichte. Entsprechend den Naturgesetzen gehören Ungleichgewichte harmonisiert. Deshalb und weil es den Lebensgesetzen folgend eingesetzt wird, nennt sich dieses Verfahren Harmonisierungsplan und wird Sie von nun an im weiteren Leben laufend unterstützend begleiten. Sie werden damit alle von Ihnen lösbaren Probleme analysieren, planen und lösen können. Manchmal gibt es auch (derzeit) unlösbare Probleme. Sie hieb- und stichfest zu erkennen ist im Hinblick auf ansonsten evtl. unnötig vergeudete Mittel, Zeit und Energie letztlich ebenfalls ein Gewinn. Die Erfahrung zeigt aber, dass mit der Harmonisierungsplanung anfangs als unlösbar geltende Aufgaben sehr oft dennoch lösbar sind. Und indem Sie sich eine Aufgabe im Vorwege gründlich durchdenken und abwägen, werden Sie - das zeigt die Erfahrung in der Praxis ganz deutlich - letztlich erhebliche Zeitersparnisse erzielen, aber auch eine spürbare geistige Entlastung zum Beispiel im Falle unerwartet eintretender störender Einflüsse. Das für Sie Entscheidende aber wird sein, dass Sie Ihre Zielrichtung und damit Ihre optimale Lebensentfaltung nicht mehr aus den Augen verlieren. Damit verlieren Sie auch keine Zeit, Mittel und Energie mehr für Engagements, die Ihrer Lebenserhaltung und Lebensentfaltung nicht dienen.

7.5 Abwehr zukünftiger Bedrohungen unseres inneren Gleichgewichts

Nachdem sich die Unterdrückung samt Verletzung der Ebenbürtigkeit als eine zentrale Ursache des überwiegenden Teils unseres Leides herauskristallisierte, muss man sich fragen, wie dieses System überhaupt funktionieren kann. Hat man es verstanden, kann der Einzelne in seinem Lebensbereich anfangen, es für sich zu ändern. (Niemand kann mich ändern, nur ich selber kann mich ändern!) Aus neurosophischer Sicht ist auch hier das Grundschema einfach, aber durch seine unendlich große Anzahl möglicher Verknüpfungen im Leben so kompliziert:

Wir alle bewahren im Unterbewusstsein seit unserer Kindheit die Erinnerung an den paradiesischen Zustand des Versorgtseins durch die Eltern. Das war entsprechend dem Urgesetz des Lebens eine erfolgreiche Zeit der Lebenserhaltung und Lebensentfaltung, wie allein schon durch unsere Existenz bewiesen. Ein starker und uns überlegener Mensch kann also im reinen Unterscheidungsschema des Unterbewusstseins als hochrangig lebenserhaltend eingestuft werden. So bietet es sich für unsere vom Unterbewusstsein vorzugebende Reaktionen an, sich seinen Vorgaben wie seinerzeit beispielsweise den Eltern zu unterwerfen. Andererseits können starke Menschen Erinnerungen an Beeinträchtigungen oder gar Verletzungen unserer Bedürfnisse wecken, weil wir auch negative Erfahrungen erlebten. Das Unterbewusstsein muss uns dann Reaktionen des Widerstandes anbieten. Allerdings wird Widerstand in unserer Gesellschaft mit Bedürfnisverletzungen bestraft, wie wir es schon in der Kindererziehung erleben. So ist es nur wenig verwunderlich, dass diese Form des Umganges mit starken Menschen nur selten oder nur in bestimmten Situationen tatsächlich zu beobachten ist. Wir neigen als Schwächere - so wir uns denn selber so bewerten - eher dazu, uns zu unterwerfen, um nicht zur Strafe in unseren Bedürfnissen verletzt zu werden.

Ist aus der Sicht eines Kindes mit starken Menschen - wie z. B. den Eltern - die Erfahrung verknüpft, dass diese in ihrer Lebensentfaltung erfolgreicher sind als wir selber, kann uns das Unterbewusstsein nachahmende Reaktionen bis hin zum Umgang innerhalb der eigenen Familie nach dem Vorbild der Ursprungsfamilie - auch mit allen Fehlern - anbieten. Weil es eine einmal erlebte Situation - Als erlebt gelten für das Unterbewusstsein auch bildhaft-plastische Vorstellungen und Phantasien - samt unserem darauf folgenden Verhalten stets als „richtig" weil lebenserhaltend einordnet und sie deshalb zukünftig als Reaktion anbietet, gibt es irgendwann in unserem Leben Situationen, in denen wir uns erstmalig dazu entscheiden, zukünftig nach dem paradiesischen Zustand des Versorgtwerdens (und somit der Bevormundung durch jemanden) zu streben, oder uns gegen Bedürfnisverletzungen zu wehren (was als Kind leider oft nicht erfolgreich ist, wie gesehen) oder gar selber den Partner unterdrückende Macht anzustreben. Letztgenannte Möglichkeit kann sich ebenfalls nur relativ selten entwickeln, weil einem schwachen Kind erfahrungsgemäß kaum das Erlebnis vermittelt wird, überlegen stark zu sein. So ist Anzahl der Führer auch aus diesem Grunde beschränkt, die Masse der Menschen folgt lieber jemandem.

Aber wir können auch die ehemaligen Unterdrücker in einem von ihnen getrennten Lebenskreis, z. B. in der eigenen Lebenspartnerschaft, im Beruf usw., nachahmen. Getreu dem Motto „Angriff ist die beste Verteidigung" versuchen wir unsererseits so zu unterdrücken, wie wir es von unserem Vorbild gelernt haben. So erhöhen wir die Chancen, selber in unseren Bedürfnissen nicht unterdrückt zu werden. Zeigt sich hier im richtigen Augenblick Erfolg, kann so auch noch ein stets die Führung anstrebender Mensch werden, trotz oder gerade wegen ansonsten häufig erlittener Unterdrückung.

Alle diese Möglichkeiten sind stets auf den Vergleich der eigenen Stärke mit der des Gegenübers ausgerichtet. Was aber diese Stärke tatsächlich ausmacht, ist zum größten Teil das Ergebnis unserer eigenen Wertungen, also eine Annahme, die nicht unbedingt der Realität entsprechen muss! Halten wir uns dazu einmal plastisch das Bild des gefürchteten Chefs vor Augen, der zuhause jener sprichwörtlich bedauernswerte Pantoffelheld ist. -

Wenn wir uns daneben erinnern, dass jeder Mensch eine Kombination von Stärken und Schwächen besitzt, aber niemals auf allen Gebieten gleich stark und überlegen sein kann, gibt es offensichtlich eine sich natürlich ergänzende Ebenbürtigkeit. Die Anerkennung der Ebenbürtigkeit unserer Mitmenschen und das Bewusstsein unserer Ebenbürtigkeit gegenüber allen anderen Mitmenschen ist der erste wichtige Schritt zur Abwehr zukünftiger Bedürfnisverletzungen. Und dabei sei zum vollständigen Verständnis auch etwaiger Zweifler klar und deutlich herausgestellt: Wir alle sind als Menschen von Natur aus gleichrangig, auch wenn die Verteilung unserer Stärken und Schwächen verschieden ist. **Wir selber sind es, die werten, evtl. den Mitmenschen abwerten. Indem wir aber jemanden herabsetzen oder anderweitig abwerten, zeigen wir klar und deutlich unsere eigene Beschränktheit. Denn wir bewerten in dem Augenblick offensichtlich nur einen geringen Teil des Anderen, sind also in**

unserer Urteilsfähigkeit zu beschränkt, die in jedem Menschen vorhandenen Stärken gleichzeitig mit zu bewerten. Also werten wir uns selber herab, wenn wir den Anderen herabwerten! - - - Dieses ist paradox, denn wir wollen uns mit einer Herabwertung des Anderen unbewusst doch eigentlich selber aufwerten, fühlen uns in dem Moment auch überlegen. Aber **wir** werten **uns**. Das bedeutet eben nicht, dass der Partner uns ebenso werten muss! Manchmal funktioniert das zwar in unserem Sinne, wenn der Partner unsere Wertungen ungeprüft übernimmt. Sobald aber der Partner nachdenkt, kehrt sich das Gewollte in das ungewollt Gegenteilige um. Diese Aussage gilt umgekehrt natürlich auch für uns herab wertende Partner! - - -

Wer die Ebenbürtigkeit in einer aktuellen Situation prüfen und verstehen will, kommt nicht umhin, sich um den Begriff der Führung auseinander zu setzen: In jeder Gruppe und Partnerschaft gibt es Führung zu beobachten, weil ein Mensch in einer gegebenen Situation eine größere Stärke entweder zeigt oder mehr oder minder bewusst auch vortäuscht. Dabei sind generell zwei sich stark voneinander unterscheidenden Arten der Führung zu beobachten. Die eine beansprucht die Führung aufgrund ihres nur den eigenen Vorteil suchenden Machtstrebens und will damit die Unterwerfung des Anderen auch zu dessen Nachteil, nahezu grundsätzlich und in fast jeder Situation. Dabei kann zeitweilig tatsächlich Überlegenheit aufgrund besonderer Stärken, Fähigkeiten, Fertigkeiten oder Kenntnisse vorliegen. Häufig funktioniert diese Art der Führung aber nur aufgrund vorgetäuschter Vorsprünge zum Beispiel an Wissen, kleinem oder größerem Betrug, angemaßter Wertigkeit, durch Drohung, Einschüchterung, Gewalt, aufgrund verliehener (geliehener!) Funktion oder vielfältigen anderen Mitteln, die geeignet sind, Partner zu unterdrücken, herabzusetzen oder sonst wie glauben zu machen, dass deren Stärken geringer zu bewerten seien, als die eigenen. Das ist **machtpolitische Führung** mit dem Ziel der Unterdrückung des Partners. Sie stellt die in unserer Gesellschaft übliche, im Wirtschaftsbereich z. B. sogar besonders belohnte und auch ansonsten offensichtlich allgemein akzeptierte Art des Umganges der Menschen miteinander dar. Sie erlernen wir leider in mehr oder weniger ausgeprägter Form von Kindheit an schon von den eigenen Eltern und nicht nur von diesen.

Die andere Art der Führung basiert auf der tatsächlichen Stärke eines Partners in einer bestimmten Situation, die zum Wohle, also zur Lebenserhaltung oder Lebensentfaltung von dem anderen gern angenommen und genutzt wird. Weil aber in einer halbwegs ebenbürtigen Partnerschaft nie ein Partner in allen Situationen überlegen ist, sondern jeder seine persönlichen Stärken besitzt, gehört es zum Wesen dieser **situativen Führung**, dass sie häufig und immer wieder wechselt: Mal führt der eine Partner, mal der andere, keiner erhebt sich dabei über den anderen, sondern wird vom anderen stets freiwillig situationsbedingt als für sich selber hilfreich angesehen: Der Eine kann den besten Eintopf kochen, der Andere schmeckt den Salat unübertrefflich ab; der Eine verfügt über großes technisches Wissen und Geschick, der andere ist im musischen Bereich nicht zu übertreffen; das Können der Näherin wird vom Einkäufer niemals erreicht werden können, welcher statt dessen über für sie derzeit unerreichbare Marktkenntnisse bei der Rohstoffbeschaffung verfügt; dem einen Menschen ist es aufgrund seiner menschlichen Wärme und seines Ausdrucksvermögens besonders gut möglich, Trost zu spenden, während der andere durch tatkräftigen Einsatz hilfreich ist, usw.. Im Idealfalle bringt sich stets jener Partner zum eigenen Nutzen und zum Nutzen der Partnerschaft allgemein ein, welcher die größere Stärke in der gegebenen Situation zu ihrer Bewältigung mitbringt. Genau diese situative Führung findet normal im Frühstadium einer Liebe statt. Nur so ist ja schließlich die Ebenbürtigkeit möglich, welche wir in dieser Zeit meistens unbewusst pflegen, um den angebeteten Partner ja nicht gleich wieder zu verlieren, sondern auf Dauer für uns zu gewinnen.

Weiter oben wurde es schon gesagt:
„Entscheidend ist, wie wir in der Situation bewusst werten, wie unsere Einstellung ist und dass wir aufgrund dessen selbst-bestimmt in Ebenbürtigkeit handeln. Dieser Satz birgt den Schlüssel, Schäden durch Bedürfnisverletzungen von Mitmenschen zukünftig abwenden und frühere Schäden ausgleichen zu können."

Um zukünftige Bedürfnisverletzungen abzuwehren, ist die *wertende Analyse der Situation* von entscheidendem Wert. Dabei sind zwei Fragen der Schlüssel, selbst komplizierteste zwischenmenschliche Beziehungen in überraschender Einfachheit durchschauen zu können:

1.) Welche Bedürfnisverletzung droht bzw. passiert gerade dem Partner und welche mir?

2.) Wie stark sind jeweils die Energiepotentiale auf uns verteilt, die ich anhand seines Verhaltens und seiner Äußerungen und meiner Gefühle erkennen kann?

Merken Sie was hier geschieht? - Es wird gar nicht der Streitinhalt analysiert, sondern vorrangig erst einmal die eigentliche Ursache, nämlich unsere gegenseitigen Bedürfnisse und die in ihnen jeweils wohnenden Energiepotentiale. Denn sie gilt es schließlich zu harmonisieren, auszugleichen! Der Streitpunkt ist nur ein Auslöser, gar nicht die eigentliche Ursache! Verbindet man in Kenntnis der Energien den Streitinhalt mit konkreten Bedürfnisbefriedigungen, nimmt man den Überschuss an Energien aus der Debatte und ist so zu ganz anderen Lösungen und Kompromissen befähigt, als wenn man diese Palette nicht bedient. Es ist nicht ganz einfach, sich in der Hitze eines Streites von dem Streitinhalt gedanklich und gefühlsmäßig zu trennen und auf sachliche Bedürfnis- und Energieanalyse umzuschalten. Aber wer seine Aufmerksamkeit tatsächlich so zu steuern vermag, wird auf diese ergänzende Form der Streitbewältigung nie mehr verzichten mögen.

Wollen wir eine Problemlösung anstreben, muss zuerst die beiderseitige Einstellung aus einer Gegnerschaft in ein konstruktives Miteinander geändert werden. Dieses ist u. a. dadurch häufig relativ leicht zu erreichen, dass man dem Partner echtes Verstehen mit folgenden Benennungen signalisiert:

> 1. Problemschilderung zuerst aus der Sicht des Partners, dann aus der eigenen

> 2. Vom Partner und von mir befürchtete Bedürfnisverletzung samt der Stärke der darin wirkenden Energien

> 3. Frage, ob gemeinsam nach einer für beide tragbaren Lösung gesucht werden soll

Aufgrund unserer Erziehung sind wir von Kindesbeinen darauf trainiert, unsere Ansprüche ohne Rücksicht auf die Bedürfnisse unserer Partner, oft sogar zu deren Schaden, durchzusetzen. In einem Neurosophischen Seminar wird deshalb eine äußere Form geschildert, wie gerade unter Paaren endlich wieder kultiviert mitfühlend gestritten werden kann.

Wir haben aufgrund der oben genannten Fragen die große und bislang kaum je genutzte Chance, uns jeder einzelnen Verletzung unserer Ebenbürtigkeit, jeder beginnenden Unterdrückung, jeden Erpressungs- oder Nötigungsversuchs über eine Drohung usw. endlich einmal bewusst zu werden und selbstbewusst ebenbürtig dem Partner gegenüber klar beim Namen zu nennen: „Du versuchst gerade, mir zu drohen, mich zu nötigen, mich zu erpressen, meine Wünsche zu unterdrücken, Dich über meine Bedürfnisse hinwegzusetzen, ... Welchen besseren Weg gibt es, miteinander über das Problem zu sprechen?" Das schafft ein völlig neues Bewusstsein bei uns und auch beim Partner. Eventuell wird er daraufhin zum ersten Male in seinem Leben sein unterdrückendes Verhalten hinterfragen.

Daneben ist herauszuheben, welche überragende Bedeutung unser aller Einstellung zu unseren Mitmenschen für gute oder schlechte Partnerschaft hat. Dazu brauchen wir unser Augenmerk nur auf eine simple Frage zu lenken: **Was für eine Einstellung hat der Partner gerade zu mir und welche habe ich zu ihm?** Wenn dabei ein Gegeneinander bewusst wird, sollte auch dieses selbstbewusst vorgetragen und bei sich selber sofort durch ein Füreinander ersetzt werden. **Nur ein Füreinander entspricht den Lebensgesetzen unter Partnern! Das gilt ohne jede Ausnahme.** Wer nach Ausnahmen sucht, wird bei gründlichem Nachdenken diese Aussage letztlich doch bestätigen müssen, wenn das bislang Ausgeführte, insbesondere die Bestimmung jeden Lebens, verstanden wurde. Daneben zeigt das Suchen nach Ausnahmen aber auch, wie tief das bisherige Denken in den Kategorien von Macht und Unterdrückung in uns verwurzelt ist, wie wir uns an diesem vertrauten System wider alle Vernunft festkrallen, es nicht einfach ablegen, gelassen gehen lassen können oder wollen. - Es wird wohl noch einige Generationen dauern, bis die Menschheit dieses begriffen und umgesetzt hat. - Wir aber haben in unserem kleinen Lebenskreis die Möglichkeit der Veränderung unserer Einstellung und werden damit ob gewollt oder nicht ganz zwanglos auch eine Veränderung in unseren Partnern bewirken. Allerdings brauchen wir dazu Geduld; denn erst die stetige Wiederholung führt langfristig zu Erfolgen.

8. Anhang

8.1 Zusammenstellung von Kernsätzen der Neurosophie

Nachstehend sind Kernaussagen der verschiedenen Kapitel zusammengestellt. Ihnen liegt so eine Kurzfassung vor. Sie ist als Lernhilfe zum Wiederholen der wichtigsten Inhalte gedacht.

1. Einleitung
./.

2. Die Lebensphilosophie der Neurosophie

Das Urgesetz des Lebens:
Jedes Leben hat das grundsätzliche Bestreben,
sich bestmöglich zu erhalten und zu entfalten.

Der Sinn jeden Lebens:
Der Sinn eines jeden Lebens ist ausnahmslos
seine bestmögliche Erhaltung und Entfaltung
im größtmöglichen Ausgleich zu seiner Umwelt
zur Förderung der Lebensentfaltung insgesamt
und im Rahmen seiner unveränderbaren Grenzen.

Die Bestimmung jeden Lebens:
Seine ausgleichende Bestimmung erfüllt das Leben,
wenn es die nur ihm eigenen Stärken und Schwächen
innerhalb der von ihm nicht veränderbaren Grenzen
möglichst vollständig und zu gegenseitigem Nutzen
genau der Umwelt darbringt, welche ihrerseits ihm
bestmögliche Erhaltung und Entfaltung ermöglicht.

Die Hauptaufgabe des menschlichen Lebens:
Die Hauptaufgabe des menschlichen Lebens ist es,
seine Bestimmung gezielt zu suchen und zu finden,
sein Handeln und Unterlassen danach auszurichten
und entstehende Konflikte ausgleichend zu lösen.

3. Reflex, Reaktion und bewusste Aktion

Das Unterbewusstsein kann lediglich unterscheiden, nicht aber werten. Nur das Bewusstsein kann mit seinem Denk- und Vorstellungsvermögen werten. Wir handeln aufgrund angeborener Reflexe insbesondere in Notsituationen. Wir handeln normal aufgrund unbewusster Reaktionen, die den Reaktionen gleich sind, die das Unterbewusstsein als der aktuellen Situation gleichartig schon einmal erlebt aussuchte. Nur ein verschwindend geringer Anteil unserer Handlungen besteht aus bewusst geplanten Aktionen.

4. Gefühl - was ist das?

Gefühle sind die Sprache des Unterbewusstseins an das Bewusstsein, die evtl. durch bildhafte Vorstellungen oder Erinnerungen sowie Erinnerungen an Sinneswahrnehmungen und anderes ergänzt wird.

Auch wenn eine Vielzahl von beschreibenden Begriffen existieren: Es gibt im Prinzip nur zwei Gefühle in jeweils situationsabhängig unterschiedlicher Stärke, nämlich ein negatives, in der Neurosophie mit dem Sammelbegriff Angst umschrieben, das ein mögliches oder derzeitiges Ungleichgewicht, eine mögliche oder derzeitige Schädigung des Lebens anzeigt, oder ein positives Gefühl, in der Neurosophie mit dem Sammelbegriff Freude benannt, das uns signalisiert, entsprechend den Lebensgesetzen auf dem richtigen Wege zu sein.

Zusammen mit unseren Erlebnissen speichert das Gedächtnis auch die zur Gefahrenabwehr erforderliche Energie gewissermaßen als Messwert ab. Das so definierte Energiepotential wird im Falle einer ähnlichen Situation später entsprechend aktiviert, so dass wir angemessen reagieren können.

Wir haben einen Freund, der ununterbrochen jeden Tag und zu jeder Sekunde für uns wacht und uns vor möglichen Gefahren warnt, nur um unser Wohlergehen zu sichern: Das Unterbewusstsein mit seinem Inneren Wegweiser! Es spricht im Falle einer möglichen oder schon eingetretenen Beeinträchtigung des Lebens über die Angst zum Bewusstsein. Sind wir auf dem richtigen Wege der Selbsterhaltung und / oder Selbstentfaltung, spricht das Unterbewusstsein durch die Freude zum Bewusstsein.

Wir können kurzzeitig z. B. durch unser schöpferisches Denkvermögen Gefühle erzeugen, die denen des Inneren Wegweisers nicht entsprechen. Somit können wir diese Gefühle auch nicht ungeprüft wie die des Inneren Wegweisers als Leitschnur unseres Verhaltens benutzen. Das Unterbewusstsein ist auf Dauer stets stärker als das Bewusstsein und wird sich früher oder später auf jeden Fall durchsetzen. Wir können deshalb erfolgreich nur MIT unserem Unterbewusstsein leben - hier sind speziell unsere Grundbedürfnisse und die Erfüllung der individuell am stärksten wirkenden gemeint - und nicht dagegen.

5. Zu unseren Grundbedürfnissen

An der Entwicklung eines Kindes ist die Entstehung der Grundbedürfnisse aller Menschen zu beobachten, die sich im Wesentlichen aus den Bedürfnissen nach Lebenserhaltung, Körperkontakt, Gruppenzugehörigkeit, gegenseitigem Verstehen und Anerkennung zusammensetzen. Diese ziehen nach sich das Bedürfnis nach Sicherheit und münden in dem alle krönenden Bedürfnis nach Selbstbestimmung in Ebenbürtigkeit, welches das Ziel des Erwachsenwerdens darstellt. Weil aber jeder Mensch entsprechend den Lebensgesetzen in Richtung Selbstbestimmung strebt und darin von allen anderen auch gefördert werden sollte, gilt:

Jede Herabsetzung und jedes sich über einen Partner stellen, ist eine Verletzung seiner Ebenbürtigkeit. Da dieses für alle Menschen gleich gilt, muss die Selbstbestimmung grundsätzlich und ohne jede Einschränkung eine in Gleichwertigkeit und Ebenbürtigkeit zu den anderen Mitmenschen sein!

In dem Begriff Ebenbürtigkeit, er bedeutet „von gleichrangiger Geburt", steckt in verräterischer Weise das herabsetzende Denken vergangener Jahrhunderte, das offensichtlich bis in die heutige Zeit übernommen wurde!

Selbstbestimmung in Ebenbürtigkeit fasst aus der Bedürfnisstruktur heraus den Langtext des Sinnes, der Bestimmung und der Hauptaufgabe eines jeden Lebens in ein kurzes Schlagwort und kann uns somit - wenn vollinhaltlich richtig verstanden - ebenfalls als Leitfaden unseres Handelns allgemein und in der Kindererziehung dienen.

6. Wechselwirkungen zwischen Bewusstsein und Unterbewusstsein

Auf die Grundbedürfnisse kann man sein gesamtes aus unbewussten Reaktionen stammendes Verhalten beziehen; es ist jede unbewusste Reaktion letztlich auf die Erfüllung eines dieser wenigen Grundbedürfnisse zurückführen. Die Bedürfnisse steuern im wesentlichen unsere Reaktionen im Zusammenwirken mit der in früheren Situationen erfolgten Bewertung und dem Energiepotential der Gefühlsstärken.

Jede Person hat ein zu anderen verschiedenes Erleben, unterschiedliche eigene Wertungen dessen und deshalb auch stets auf die Grundbedürfnisse anders verteilte Energiepotentiale. In der Kombination mit unterschiedlichen angeborenen Eigenschaften, Fähigkeiten und Fertigkeiten ergeben sich die Unterschiede der Menschen. Wer aber die Verteilung seiner Energie innerhalb seiner Grundbedürfnisse kennt, hat einen ersten wesentlichen Schritt zur Erkennung des eigenen Ich's geleistet, dessen Bild sich mit der Kombination seiner sonstigen Eigenschaften, Fähigkeiten, Fertigkeiten, Stärken und Schwächen abrundet! Von nun an kann das eigene Leben ganz anders fest in beide Hände genommen werden.

Die Bedürfnisse steuern im wesentlichen unsere Reaktionen im Zusammenwirken mit der in früheren Situationen erfolgten Bewertung. Eine jede Bewertung kann nur aufgrund der uns vorhandenen Informationen über den zu bewertenden Sachverhalt erfolgen. Ist unser Informationsstand unzureichend oder gar falsch, sind demnach Fehlbewertungen zu erwarten. So müssen wir davon ausgehen, dass wir tagtäglich und schon seit unserer frühesten Kindheit gefährdet sind, durch fehlerhafte Bewertungen aufgrund unzureichendem oder gänzlich fehlendem Wissen Energiestärken für bestimmte Situationen vorzusehen, welche völlig unangemessen sind.

Es ist wichtig, unsere Einstellung immer wieder neu zu überprüfen. Einstellung meint: Wie stelle ich mich zu einem Sachverhalt, zu einer Person? Die Einstellung ist das Ergebnis einer Bewertung, welche zukünftige Bewertungen in entscheidend starkem Maße beeinflusst. Wenn es in irgend einer Partnerschaft kriselt, ist die Überprüfung der eigenen Einstellung zum Partner besonders dringend erforderlich.

Das Ungleichgewicht der Energiepotentiale zeigt die Verletzungen bestimmter Bedürfnisse, unseren Mangel an Bedürfnis-befriedigungen an, welche das Unterbewusstsein auszugleichen trachtet. Das am stärksten verletzte Bedürfnis ist der stärkste Antrieb unseres Handelns und sollte nicht unterdrückt, sondern im Sinne der Lebensgesetze zielstrebig genutzt und befriedigt werden.

7. Der neurosophische Weg zum inneren Gleichgewicht

Jede Wirkung hat eine Ursache. Also muss jede Ungleichverteilung der Energie auf unsere Grundbedürfnisse ebenfalls eine Ursache haben, die wir im Prinzip bereits kennen: Bestimmte Bedürfnisse wurden - laut unserer eigenen Wertung! - in der Vergangenheit besonders stark verletzt, bzw. sind uns bedrohlich (die eigene Lebenserhaltung oder Lebensentfaltung bedrohend) oft unerfüllt geblieben. Andere Bedürfnisse wurden uns - laut unserer eigenen Wertung! - dagegen anscheinend in ausreichendem Umfang erfüllt, so dass wir darauf keine besonderen Ansammlungen von Energie erkennen können. Wollen wir unser inneres Gleichgewicht erlangen, bietet die Neurosophie als Arbeitsseminar einen Weg an, der auf folgenden Schritten beruht:

Theoretische Erkenntnis der Ursachen der energetischen Ungleichverteilung auf unsere Grundbedürfnisse.

Systematische Selbsterkenntnis der auf unseren Grundbedürfnissen befindlichen Energiepotentiale.

Systematische Erfassung unserer Stärken und Schwächen.

Systematische Suche und Festlegung unserer Zielrichtung aufgrund der uns eigenen Kombination besonderer Stärken und Energiepotentiale.

Umsetzung der eigenen Ziele in die Praxis des Lebens und deshalb systematischer Ausgleich unserer Energiepotentiale bei bewusster und genießender Nutzung unserer besonderen Stärken und Energien im Sinne der Lebensgesetze.

Geistige Vorbereitung der Abwehr zukünftiger Bedrohungen unseres inneren Gleichgewichts und deren praktische Umsetzung im Leben.

Kontakt zum Autor / Herausgeber, Anmeldungen zu einem
Neurosophischen Seminar, sowie Besuch des Forums im Internet
können erfolgen unter

www.neurosophie.de

2. Tabelle der wichtigsten Grundbedürfnisse und ihrer Verletzungen

Einzelbedürfnisse	Grundbedürf-nisse	Verletzungen
Beispiele:		Beispiele:
körperliche Unversehrtheit, Gesundheit, gesicherte Ernährung	**1. körperliche Lebens-erhaltung**	Körperverletzung, Gesundheitsschädi-gung, Pflegeverweige-rung, unzureichende Ernährung
	2. soziale Lebens-entfaltung	
Körperkontakt, Zärtlichkeit, Streicheln, Schmusen, Körperwärme, erotische Harmonie, sexuelle Harmonie, sexuelle Erfüllung	**2.1 Körper-kontakt**	Verweigerung von körperlicher Nähe und Zärtlichkeit, erotische Verweigerung, sexueller Missbrauch, sexuelle Verweigerung,
Zuwendung, Beachtung, Partnerschaft, Freundschaft, Liebe	**2.2. Gruppen-zugehörigkeit**	Nichtbeachtung, Abwendung, Isolation, Alleinlassen, Ausschließen, Gleichgültigkeit, Feindschaft, Hass
Verstandenwerden, Verstehen, seelisch-geistige Nähe	**2.3 Gegenseitiges Verstehen**	Nichtverstanden-werden, Nichtverstehen, Unverständnis, aggressives Schweigen
Achtung, Lob, Belohnung, Zustimmung, Anerkennung, persönliche Wertschätzung,	**2.4 Anerkennung**	Missachtung/ Geringschätzung, Unterdrückung, Maßregelung, verletzende Kritik, Bestrafung,

Beifall, Bewunderung, erhaltenes Vertrauen		Verweigerung von Anerkennung, Verhöhnung, Spott, Ablehnung, erhaltenes Misstrauen
Schutz, Hilfe, Unterstützung, vergewissernde Bestätigung, Rücksichtnahme, Geborgenheit, Offenheit, Vertrauenkönnen, materielle Sicherheit	**3.** **Sicherheit**	Verweigerung von Schutz, Hilfe, Unterstützung und der Partnerschaft angemessener Bedürfniserfüllung, Rücksichtslosigkeit, aktive Verunsicherung durch den Partner, Drohung, Verschlossenheit des Partners, Vertrauensbruch, materielle Unterversorgung / Not, äußere Gefahr
Selbstbestimmung, Eigenständigkeit, Gleichwertigkeit, Toleranz (hier = gewähren können), Ebenbürtigkeit, Freiheit	**4.** **Lebens-** **entfaltung** per **Selbst-** **bestimmung** **in** **Ebenbürtig-** **keit**	Fremdbestimmung, Bevormundung, Vorschriften, Normen, Regeln, Intoleranz, Demütigung, Machtmissbrauch, Nieder-/ Kleinmachen, Herabsetzung, Unfreiheit

8.3. Skala der Gefühlsstärken

Zum „Messen" der eigenen Gefühlsstärken kann der betroffene Mensch im Normalfall kein Messgerät, wie z. B. ein EEG zum Messen der Hirnströme nutzen, sondern nur eine persönliche Wertung der eigenen Wahrnehmungen vornehmen. Die nachfolgende Skala der Gefühlsstärken orientiert sich an den Grundgefühlen von Angst und Freude im Hinblick auf den Grad der Lebenserhaltung und Lebensentfaltung. Sie dient dazu, Unterschiede in den Gefühlsstärken in einer bestimmten Situation überhaupt bewusst wahrzunehmen und beim Bewerten der eigenen Gefühlsstärke jeweils eine grobe Orientierung und insbesondere Vergleichbarkeit der eigenen Gefühlsstärken zu vermitteln. Selbstverständlich ist eine wesentlich feiner gegliederte Abstufung denkbar. Für die Zwecke der Selbstanalyse ist jedoch ein möglichst einfaches System vorzuziehen und reicht nach allen Erfahrungen dafür auch aus. Eine neutrale Stufe kann es nicht geben, weil die fehlende Wahrnehmung einer Bedrohung zumindest ein Minimum an Zufriedenheit bezogen auf die Lebenserhaltung und Lebensentfaltung beinhaltet.

Wer ein bestimmtes Gefühl einem bestimmten Bedürfnis zuordnen kann, erhält über die Wertung seines Grundgefühls nach Gefühlsstärke lt. folgender Skala das auf dem Grundbedürfnis ruhende Energiepotential.

Grundgefühle Gefühlsstärke

Grundgefühle	Gefühlsstärke
Glücklichsein	+ 4
Freude	+ 3
Unbekümmertheit, Lockerheit,	+ 2
Zufriedenheit	+ 1
Unzufriedenheit, Bedenken, Zweifel	- 1
Bedrohtsein	- 2
Angst	- 3
Panik, Depression	- 4

9. Literaturnachweis

Bach, George R. u. Deutsch, Ronald M.: Pairing; Intimität und Offenheit in der Partnerschaft; Rowohlt Taschenbuchverlag GmbH, Reinbek, 44.-46. Tausend Januar 1988

Bach, George R. u. Wyden, Peter: Streiten verbindet; Spielregeln für Liebe und Ehe; Fischer Taschenbuch Verlag GmbH, Frankfurt a. M. 1983

Becker, Helmut L., in: Management Wissen, Methoden; Vogel-Verlag (Hrsg.), Würzburg 1980.

Berne, Dr. med. Eric: Spiele der Erwachsenen; Psychologie der menschlichen Beziehungen; Rowohlt Taschenbuch Verlag GmbH, Reinbek, 254.-263. Tausend Januar 1988

Cremerius, Johannes: Zur Theorie und Praxis der Psychosomatischen Medizin; Suhrkamp Verlag, Frankfurt a.M., 1978 1. Auflage

Grolle, Johann: Die Suche nach dem Ich; in Der Spiegel, Spiegel-Verlag Rudolf Augstein GmbH & Co. KG, Hamburg; 16/1996

Franke, Heinz: Problemlösen und Kreativität; Bratt-Institut für Neues Lernen, Goch 1980

Fischaleck, Fritz: Faires Streiten in der Ehe: Partnerkonflikte besser lösen; Herder-Verlag, Freiburg i. B., 1986

Gordon, Thomas: Managerkonferenz; Effektives Führungstraining; Hoffmann und Campe Verlag, Hamburg 1979

Großmann, Gustav: Sich selbst rationalisieren; Methode zur Planung des Lebenserfolges; Ratio-Verlag Treu Großmann, München, 24. Auflage 1978 (1. Auflage 1927!)

Hay, Louise L.: Heile Deinen Körper; Seelisch-geistige Gründe für körperliche Krankheit; Verlag Alf Lüchow, 30 Aufl. 1994

Heinze, Dr. Roderich u. Vohmann-Heinze, Sabine: NLP - mehr Wohlbefinden und Gesundheit; Gräfe und Unzer Verlag GmbH, München 1996.

Jaeggi, Eva u. Hollstein, Walter: Wenn Ehen älter werden; Liebe, Krise, Neubeginn; R. Piper GmbH & Co. KG, München 3. Auflage, 1985

Jellouschek, Hans: Die Kunst als Paar zu leben; Kreuz-Verlag, Stuttgart, 1. Auflage 1992.

Kaminer, Wendy: Ich bin k.o. du bist k.o.; Das Geschäft mit der Selbstverwirklichung; Droemersche Verlagsanstalt Th. Knaur Nachf., München 1993.

Karlfried, Hans / Schömbs, Wolfgang: Ideen entwickeln, Probleme lösen, Maßnahmen vorbereiten; BBE-Verlag, Köln 1976, 2. Auflage

Langen, D.: Kompendium der medizinischen Hypnose; Einführung in die ärztliche Praxis; S. Karger AG, Verlag für Medizin und Naturwissenschaften, Basel, 3. Auflage 1972

Lauster, Peter: Die sieben Irrtümer der Männer; Rowohlt Taschenbuch Verlag GmbH, Reinbek bei Hamburg, 1990

Leuner, Hanscarl / Schroeter, Eberhard: Indikationen und spezifische Applikationen der Hypnosebehandlung; Ein Überblick; Verlag Hans Huber Bern, 1975

Luscak, Hania: Signale aus dem Reich der Mitte, das „Zweite Gehirn", in GEO, Hamburg, Nr. 11, Nov. 2000.

Maslin, Bonnie: Anleitung zum Ehekrach; Aus Wut wird Liebe; ECON Taschenbuch Verlag GmbH, Düsseldorf, 1995

Miller, Alice: Das Drama des begabten Kindes; Suhrkamp Verlag, Frankfurt a. M., 1991

Miller, Alice: Der gemiedene Schlüssel; Suhrkamp Verlag, Frankfurt a. M., 1991

Miller, Alice: Du sollst nicht merken; Suhrkamp Verlag, Frankfurt a. M., 1983

Mitscherlich, Margarete: Die friedfertige Frau; S. Fischer Verlag GmbH, Frankfurt a. M., 4. Auflage, 1985

Mohr, Dr. med. Klaus: Auflösung der Angst; Wege zur seelischen Ökologie; Bircher-Benner Verlag GmbH, Bad Homburg v. d. H., 1990

Napier, Augustus Y. / Whitaker, Carl. A.: Die Bergers; Beispiel einer erfolgreichen Familientherapie; Rowohlt Taschenbuch Verlag GmbH, Reinbek, 25.-30. Tausend Dezember 1988.

Nuber, Ursula: Die verkannte Krankheit Depression; Wissen, behandeln, mit der Krankheit leben; Kreuz Verlag AG, Zürich, 2. Auflage 1991.

Scarf, Maggi: Autonomie und Nähe; Grundkonflikte in der Partnerschaft; Wilhelm Heyne Verlag GmbH, München, 1993

Schellenbaum, Peter: Abschied von der Selbstzerstörung; Befreiung der Lebensenergie; Deutscher Taschenbuch Verlag GmbH & Co. KG, München, 6. Auflage 1993

Schlicksupp, Helmut: Management Wissen; Innovation, Kreativität & Ideenfindung; Vogel-Verlag, Würzburg 1980

Schlicksupp, Helmut: Kreative Ideenfindung in der Unternehmung; Methoden und Modelle; de Gruyter-Verlag, Berlin 1977, 1. Auflage

Schneider, Regine: Powerfrauen; Die neuen Vierzigjährigen; Fischer Verlag GmbH, Frankfurt / M., 2. Auflage, 1993

Schultz, Johannes H.: Das autogene Training: konzentrative Selbstentspannung; Versuch e. klin.-prakt. Darstellung; Georg Thieme Verlag, Stuttgart, 16. Auflage 1979

Schultz, Johannes H.: Hypnose-Technik: praktische Anleitung zum Hypnotisieren für Ärzte; Gustav Fischer Verlag, Stuttgart, New York, 7., von R. Lohmann durchges. u. verb. Auflage 1979

Seidel, Eckhard: Zeitstreß - ade! HelfRecht Verlag und Druck GmbH, Bad Alexandersbad, 1986

Teegen, Frauke / Grundmann, Anke / Röhrs, Angelika: Sich ändern lernen; Anleitungen zur Selbsterfahrung und Verhaltensmodifikation; Rowohlt Taschenbuch Verlag GmbH, Reinbek 1992

Tepperwein, Kurt: Die hohe Schule der Hypnose; Fremdhypnose - Selbsthypnose, Praktische Lebenshilfe für jedermann; Ariston Verlag, Genf, 2. Auflage 1978

Thomas, Dr. med. et phil. Klaus: Praxis der Selbsthypnose des Autogenen Trainings (nach I. H. Schultz); Formelhafte Vorsatzbildung und Oberstufe; Georg Thieme Verlag, Stuttgart, 4. Auflage 1976

Ulmer, G. A.: Gib deinem Leben einen neuen Sinn; Löse dich von allem, was dich kränkt und krank macht; laß die Schatten hinter dir! Günter Albert Ulmer Verlag, Tuningen, ohne Jahresangabe

Vogel-Verlag (Hrsg.): Management Wissen; Methoden; Vogel-Verlag, Würzburg 1980

Wieck. Wilfried: Wenn Männer lieben lernen, Kreuz-Verlag, Stuttgart, 1990, 3. Auflage

Willi, Jürg: Die Zweierbeziehung; Spannungsursachen, Störungsmuster, Klärungsprozesse, Lösungsmodelle; Rowohlt Taschenbuch Verlag GmbH, Reinbek 1994

9 783831 115839